Franz Mohr mit Beat Rink

Große Maestros, hinter der Bühne erlebt

D1876915

Für
Christa & Ulrich

Alles Liebe & Gute

Franz Mohr

Okt. 07.

Dieses Buch ist meiner wunderbaren Familie gewidmet:

Elisabeth, meiner lieben Frau und Weggefährtin;
meinem Sohn Peter, seiner Frau Elisabeth und ihren Kindern Lauren und Joseph;
meinem Sohn Michael, seiner Frau Donna und ihren Kindern Megan und Ryan;
meiner Tochter Ellen, ihrem Mann Gary und ihren Kindern Carina und Kayla.

Franz Mohr
mit Beat Rink

Große Maestros, hinter der Bühne erlebt

Der Chef-Konzerttechniker von «Steinway & Sons» im Gespräch über seine besonderen Erlebnisse mit Glenn Gould, Wladimir und Wanda Horowitz, Rudolf Serkin und anderen Berühmtheiten

Brunnen Verlag · Basel und Gießen

ABCteam-Bücher erscheinen in folgenden Verlagen:

Aussaat Verlag Neukirchen-Vluyn
R. Brockhaus Verlag Wuppertal
Brunnen Verlag Basel und Gießen
Oncken Verlag Wuppertal und Kassel

1. Paperbackauflage 2003
© 1996 by Brunnen Verlag Basel

Umschlag: Kirchhofer Editorials, Basel
Sämtliche Fotos: © by Franz Mohr (alle Rechte vorbehalten)
Gesamtherstellung: Clausen & Bosse, Leck
Printed in Germany

ISBN 3-7655-1329-6

Inhalt

Vorwort

von Horacio Gutiérrez

Zum ersten Mal bin ich Franz Mohr im Januar 1974 begegnet, als ich mein Debüt in der Carnegie Hall gab. Er stimmte damals meinen Flügel, und dies war der Anfang unserer Zusammenarbeit. Seitdem hat er bei vielen meiner Konzerte und Solo-Auftritte in New York und quer durch die Vereinigten Staaten die Flügel betreut. Von unserer ersten Begegnung an bis heute bin ich tief beeindruckt von seinem großen Verständnis für Klaviere und für uns Pianisten, und ich glaube, daß es auf der Welt keinen besseren Konzerttechniker gibt als Franz Mohr.

Es mag zwar viele Techniker geben, die eine gute Konzertstimmung zustande bringen. Aber nur wenige verstehen wirklich, daß zu einem Konzert nicht nur ein Instrument nötig ist – obwohl der gute Zustand des Instruments natürlich ganz wichtig ist. Aber der künstlerische Erfolg reift erst in der Probezeit heran, und zwar im dynamischen Wechselspiel zwischen Pianist und Instrument. Dieser Prozeß kann durch einen Klaviertechniker, der allzusehr auf das Instrument fixiert ist, empfindlich beeinträchtigt werden. Nicht selten vergrößern solche Techniker die Anspannung des Pianisten, ganz einfach, weil sie seine Wünsche überhören oder weil sie die ohnehin begrenzte Probezeit durch irgendwelche Arbeitsgriffe am Flügel noch beschneiden. Sie haben von den unzähligen Schwierigkeiten, mit denen ein Künstler während des Übens unausweichlich ringen muß, nicht die geringste Ahnung.

Was Franz vor diesen Technikern auszeichnet, ist sein Feingefühl für den jeweiligen Pianisten mit seiner je eigenen Prägung, sowohl im musikalischen Bereich als auch in seinem Temperament. Und die Temperamente können von Künstler zu Künstler bekanntlich sehr variieren. Mit dieser überaus feinfühligen Art trägt Franz zum Erfolg der Konzerte wesentlich bei.

Schon oft, wenn ich in einen Konzertsaal kam, stand da ein Flügel, der für mein Verständnis nicht «richtig» klang. Entweder war der Klang zu dumpf oder zu hell, oder einzelne Töne mußten noch nachgestimmt werden. War Franz mein Stimmer, so genügten ein paar wenige Worte, und wir verstanden uns. Ich brauchte ihm nur zu zeigen, was ich nicht gut fand, und konnte dann völlig gelassen ins Hotel gehen und mich entspannen. Wenn ich in den Konzertsaal zurückkam, fand ich jedesmal einen Flügel vor, aus dem das Bestmögliche herausgeholt worden war. Diese vielfach bewiesene Kunstfertigkeit und dazu die warmherzige, sonnige Persönlichkeit, die Franz eigen ist, hatten längst alle Bedenken des Pianisten zerstreut.

Wer Franz besser kennt, der weiß, daß er ein tiefgläubiger Mensch ist. Aber er ist zugleich ein äußerst sensibler Mensch, der genau spürt, bei welcher Gelegenheit und zu welcher Zeit er seinen Glauben zum Ausdruck bringen darf. In seinem ganzen Reden und Tun strahlt er große Freude aus: Freude am Leben, an der Musik und an der Arbeit mit den Pianisten. Ich bin sehr dankbar, daß Franz Mohr zu meinem Leben und Wirken gehört, und ich wünsche ihm ein langes Leben und anhaltend großen Erfolg.

Große Maestros, hinter der Bühne erlebt

1 Glenn Gould

Beat Rink: Franz Mohr, Sie sind 1962 als junger deutscher Klavierstimmer von Steinway in die USA geholt worden und haben hier im Laufe der Jahrzehnte für die größten Pianisten gearbeitet. Ihre Erinnerungen an Horowitz, Rubinstein, Cliburn und andere haben Sie in dem Buch «Große Pianisten, wie sie keiner kennt» aufgezeichnet. Darin hat allerdings nur ein Teil Ihrer interessanten Erlebnisse Eingang gefunden. Deshalb wollen wir hier über Ihre weiteren Begegnungen mit großen Pianisten, anderen Musikern und Persönlichkeiten des öffentlichen Lebens sprechen. Die Gesprächsform ermöglicht uns auch, Sie selbst besser kennenzulernen. – Der erste Pianist, für den Sie unmittelbar nach Ihrer Ankunft in New York gearbeitet haben, war Glenn Gould. Wie sind Sie dazu gekommen, gleich einen der ganz Großen zu betreuen?

Franz Mohr: Bei Steinway wurde ich sogleich Assistent des damaligen Cheftechnikers Bill Hupfer. Hupfer war eine lebende Legende; er hatte noch für Rachmaninow gearbeitet. Sehr bald schon mußte ich eine große Aufgabe von ihm übernehmen: Bill war nämlich bei Glenn Gould in Ungnade gefallen. Aus folgendem Grund: Vor einer Schallplattenaufnahme bei Columbia Records in der 30. Straße in New York hatte er den Flügel gestimmt. Nachdem er die Arbeit beendet hatte, kam Glenn Gould herein, der damals übrigens kaum dreißig war. Nun wußte Bill nur zu gut, daß man dem mimosenhaften Glenn nicht die Hand schütteln durfte. Also berührte er ihn nur leicht an der Schulter und sagte: «Schön, Sie zu sehen, Glenn. How are you?» Glenn schnellte jäh zurück und war völlig außer sich. Seine Schulter war verrenkt! So behauptete er jedenfalls. Nur intensive Hitzetherapie würde es ihm überhaupt noch ermöglichen, je wieder zu spielen. Die Katastrophe war da: Glenn Gould verklagte Steinway auf einen Schadenersatz von 300 000 Dollar.

B. R.: Die bezahlt wurden?

F. M.: Nein, man konnte sich noch einigermaßen gütlich einigen. Aber Bill Hupfer durfte Glenn Gould von diesem Tag an nicht mehr betreuen. So wurde ich über Nacht zu dessen Stimmer und persönlichem Klaviertechniker. Natürlich hatte ich große Angst, daß mir Ähnliches passieren könnte wie Bill. Bei Steinway schärfte man mir unzählige Male ein, Glenn Gould ja nie anzurühren. Und natürlich habe ich mich daran gehalten.

B. R.: Durfte man Glenn Gould tatsächlich niemals berühren?

F. M.: Nein, auf keinen Fall. Und wir wußten das alle und hielten uns daran. Es konnte aber trotzdem vorkommen, daß jemand sich nicht mehr daran erinnerte – wie jener Violinist, den er bei einer Schallplattenaufnahme zu begleiten hatte und der ihm zur Begrüßung die Hand hinstreckte. Glenn Gould wich entsetzt zurück, worauf sich der Violinist schnell entschuldigte und sagte: «Es tut mir leid! Ich habe vergessen, daß Sie niemals die Hand schütteln.» Da geschah etwas, was uns alle überraschte. Glenn Gould antwortete: «Doch, ich schüttle schon die Hand. Aber bitte nur ganz vorsichtig.» Und dann streckte er langsam seine rechte Hand etwa auf Augenhöhe aus, damit der Geiger wenigstens die Fingerspitzen berühren konnte. Das war eine jener Szenen, die sich einem einprägen. Auch sonst war Gould sehr empfindlich. Er trug beim Spielen meistens fingerlose Handschuhe. Und vorher badete er die Hände in fast unerträglich heißem Wasser.

B. R.: Mußten Sie ihm nicht auch die Hände drücken und wärmen, bevor er spielte?

F. M.: Nein, das mußte ich bei Horowitz tun, der vor jedem Auftritt ungeheuer Lampenfieber hatte und kalte Finger bekam. Glenn Gould ließ es, wie gesagt, niemals zu, daß man ihn berührte. Er litt weniger unter Lampenfieber als unter Kälteempfindlichkeit, die bisweilen groteske Züge annahm. Im heißesten Sommer konnte er einen Wintermantel mit hochgestelltem Kragen und dazu eine Schirmmütze, einen Wollschal und Wollsocken tragen. Es gibt einen Fernsehfilm, der «Mein Toronto» heißt und in dem Glenn Gould durch die Stadt führt. Da sieht man ihn am Strand des Ontario-Sees, wo sich Badenixen räkeln. Aber er trägt seinen hochgeschlossenen Wintermantel, als sei es eisig kalt.

B. R.: Offensichtlich hatte er auch Angst vor einer Erkältung.

F. M.: Überhaupt hatte er Angst vor Krankheiten. Seine Taschen waren immer vollgestopft mit Medikamenten. Nicht mit Rauschgiften, sondern mit Medikamenten. Aber die wirkten ja nicht weniger schädlich und schwächten seine Gesundheit. Und letztlich starb er wohl auch an den Folgen dieser Medikamente.

B. R.: War Glenn Gould in seinen Ansprüchen an den Klavierstimmer und an die Flügel ähnlich kompliziert?

F. M.: Er war wie die meisten Pianisten, deren Instrumente ich betreute, ziemlich heikel und anspruchsvoll. Er hätte niemand anderen als mich an seinem Flügel arbeiten lassen, und auch ich brauchte einige Jahre, bis ich sein völliges Vertrauen gewann. Er war ein phantastisches Talent und beherrschte eine überaus leichte Spielart, die sich nur mit derjenigen von Horowitz vergleichen läßt. Der Flügel, den er aus diesem Grund mochte, eben weil er einen so leichten Anschlag hatte, war furchtbar ausgespielt. Er liebte das Gefühl, daß unter seinen Fingern alles wackelte. Aber trotzdem hatte er die Tasten völlig unter Kontrolle; das war das Erstaunliche! Während der ganzen Zeit, in der ich für ihn arbeitete, spielte Glenn Gould nur auf einem einzigen Flügel, der die Nummer CD 318 trug. Das war sein Lieblingsinstrument, auf dem er alle Schallplattenaufnahmen einspielte. Es hatte diese leichte Spielart, die Glenn Gould brauchte. Eine weitere Besonderheit kam hinzu: Der Flügel mußte immer auf etwa acht Zentimeter dicken Holzblöcken stehen, die Glenn jeweils aus einem schwarzen Müllsack hervorholte.

B. R.: Aus einem Müllsack?

F. M.: Ja, das muß ich erklären: Glenn Gould benahm sich wie ein «bum», wie wir sagen, wie ein Landstreicher, und zwar wie ein ziemlich verkommener Landstreicher. Er sah, wenn er nicht gerade im Frack auftrat, recht heruntergekommen aus. Aber immerhin war er ein «bum», der auf Sauberkeit bedacht war. Denn er führte alle seine Utensilien und Kleider, die er tagsüber brauchte, zwar in einem schwarzen Müllsack mit, aber es war immer ein frischer Müllsack. Jeden Tag nahm er einen neuen Sack. Darin befanden sich ein Handtuch, mit dem er sich in den Pausen die Stirn abwischte, daneben Noten und ein frisches Hemd. In der Pause zwischen den Aufnahmen wechselte er immer das Hemd. Er war also wirklich ein reinlicher Vagabund.

B. R.: Trug er nicht auch eine besondere Art von Hemd?

F. M.: Glenn Gould trug immer bunte Wollhemden, und zwar zu jeder Jahreszeit. Den Hemdkragen schlug er beim Spielen jedesmal ein, aber nur auf einer Seite.

B. R.: Und was befand sich sonst noch in dem legendären Müllsack?

F. M.: In dem Müllsack gab es sonst noch Platz für allerlei Utensilien: für die erwähnten schwarzen Holzblöcke und für verschiedene Teile seines Klavierstuhls. Ich muß diesen Klavierstuhl kurz beschreiben: Glenn stellte, wie schon gesagt, den Flügel acht Zentimeter höher. Aber damit er die Finger praktisch auf Augenhöhe bewegen konnte, setzte er dazu noch den Klavierstuhl herunter. Genauer gesagt: Er hatte die Stuhlbeine abgesägt. Sie waren nur etwa fünfunddreißig Zentimeter kurz. Aber das war leider noch nicht alles: Der Stuhl bestand unglücklicherweise aus einem sehr wackeligen Holzgerippe, dessen Fugen aus dem Leim geraten waren. Aber das störte Glenn Gould überhaupt nicht. Er zog einfach einen Stahldraht mehrfach um das Gestell, um es einigermaßen zusammenzuhalten. Darauf legte er einen alten, zerschlissenen Sperrholzsitz, und darüber als Polster ein ebenso zerschlissenes dünnes Leder. Im Grunde war es nur noch der Schatten eines Leders. – Das alles zauberte er aus dem Müllsack hervor. Es war schon ein seltsamer Anblick, wenn Gould auf diesem Stuhl saß, knapp über dem Boden. Neben ihm lag der Müllsack, und irgendwo auf der Bühne sah man seine abgestreiften Schuhe, immer mit der Sohle nach oben. – Nur eines ärgerte uns sehr: Der Stuhl schwankte beim Spielen stark hin und her und quietschte schrecklich. Ich versuchte immer wieder, mit einem Schmiermittel, das WD 40 heißt und sonst überall hilft, dagegen anzukämpfen, aber es war hoffnungslos. Es geschah oft, daß die Plattenaufnahmen wegen dieses Quietschens unbrauchbar waren und daß wir wieder von vorn anfangen mußten.

B. R.: Haben Sie denn niemals vorgeschlagen, einen Stuhl mit denselben Maßen herzustellen, der nicht quietschte?

F. M.: O doch, das habe ich dutzende Male versucht. Aber es hat alles nichts genützt. Glenn Gould wollte nur diesen einen Stuhl haben. Das war eigenartig bei ihm.

B. R.: Eine andere berühmte Eigenart war sein Mitsummen beim Spielen.

F. M.: Ja, er ging in seiner Musik so auf, daß er manchmal laut mitsang. Das machte viele Aufnahmen unbrauchbar, obwohl auch einige Einspielungen herauskamen, auf denen man seine Stimme tatsächlich hört. Wenn er spielte, war die Musik alles. Ich erinnere mich an eine seltsame Begebenheit, als er mit Elisabeth Schwarzkopf, der renommierten Sängerin, Schönberg-Lieder aufnehmen sollte. Ich weiß nicht, wer die Idee gehabt hatte, die beiden zusammenzubringen. Doch kaum hatte Elisabeth Schwarzkopf einige Takte gesungen und Glenn Gould eine Hand frei, begann er, sie zu dirigieren und ihr vorzusingen! Sie reagierte vorerst überhaupt nicht. Aber nach ein paar Minuten, als er damit nicht aufhörte, klappte sie ihre Noten zu, drehte sich um und verließ den Raum. Sie kam zu uns ins Studio herüber, nahm ihren Mantel und ging. Sie war schrecklich verärgert, und es ist auch später nie zu dieser Schallplattenaufnahme gekommen. Gould indessen schien die Szene völlig kalt zu lassen.

B. R.: Wie reagierten andere Musiker auf Goulds Eigenheiten?

F. M.: Mit dem Cleveland-Orchester unter der Leitung von George Szell spielte er einmal das 3. Klavierkonzert von Beethoven. Das war noch vor meiner Zeit, und zwar anläßlich seiner ersten Amerika-Tournee im Jahr 1957. Bill Hupfer hat mir diese Geschichte erzählt. Bei der Hauptprobe morgens um zehn Uhr saß Glenn Gould wie üblich auf seinem Klavierstuhl-Wrack vor dem hochgestellten Flügel. Auf dem Boden lagen die Schuhe mit der Sohle nach oben und etwas weiter weg der

Müllsack. Das Orchester war schon bereit. Da trat George Szell herein. Als er Glenn Gould sah, rief er entsetzt aus: «Ihr habt mir ja nicht mal die halbe Wahrheit über diesen Mann gesagt! Mit so einem Landstreicher mache ich doch kein Konzert!» Er drehte sich auf dem Absatz um und ging zurück ins Künstlerzimmer, gefolgt von den aufgeregten Managern des Cleveland-Orchesters, die ihn beschworen, das Konzert nur ja nicht ins Wasser fallen zu lassen. Sie versicherten ihm, daß Glenn Gould beim Konzert auch ganz ordentlich aussehen und im Frack erscheinen würde. Nach langem Zureden lenkte Szell schließlich ein und begann nun doch mit der Probe. Mit dem Landstreicher am Flügel wechselte er jedoch kein Wort, sondern gab ihm nur stumme Zeichen. Allerdings schien ihn Goulds Können außerordentlich zu beeindrucken. Denn als er nach der Probe das Dirigentenpult verließ und, ohne Gould eines Blickes zu würdigen, nach hinten schritt, sagte er halblaut vor sich hin: «Er ist und bleibt ein Landstreicher! Aber Klavierspielen, das kann er!»

B. R.: Waren Goulds Manieren Teil eines Spleens oder seiner Genialität?

F. M.: Wohl beides. Manchmal genoß Gould es geradezu, als Vagabund behandelt zu werden. In frühen Jahren wurde er immer wieder in Hotels abgewiesen, in denen er übernachten wollte. Und auch später geschahen ähnliche Dinge. Als wir ihn einmal in New York zu einer Schallplatteneinspielung erwarteten, kam ein Telefonanruf. Glenn war am Apparat und sagte: «Bitte geht nach Hause. Ich werde nicht über die Grenze gelassen.» Er befand sich gerade bei den Niagarafällen, von wo aus man über die Grenze von Kanada in die USA fährt. Die Zollbeamten hatten seine Taschen voller Tabletten gefunden und verdächtigten ihn nun des Schmuggels illegaler Medikamente. Deshalb ließen sie ihn nicht durch. – Gould kam übrigens immer mit dem Auto nach New York. Er haßte das Fliegen. Um

1965 herum fuhr er dann überhaupt nicht mehr nach New York, und wir mußten die Aufnahmen in Toronto machen. Er kaufte sich eigene Aufnahmegeräte, und ich flog praktisch wöchentlich hin, um an seinem Flügel zu arbeiten. Wir wurden damals Freunde. Ich habe schon erwähnt, daß außer mir niemand den Flügel anrühren durfte. Als ich wieder einmal zu ihm kam, sagte er: «Franz, ich möchte Ihnen einen Flügel zeigen, der mir sehr entspricht. Es ist ein Steinway. Wenn Sie mir meinen Flügel so herrichten können wie diesen, wäre ich sehr glücklich!» Er brachte mich zur kanadischen Rundfunkgesellschaft CBC, wo ein alter, total ausgespielter Steinway stand, der seit Jahren nicht mehr reguliert worden war. Die Hämmer waren völlig durchgespielt; es war kaum mehr Filz darauf. Gould bemerkte meinen erstaunten Blick, aber er bestand darauf: «Franz, ich liebe nun einmal solche ausgeleierten, ausgespielten Instrumente. Wenn Sie mir meinen Flügel so herrichten können, daß er einen ähnlich ausgeleierten Eindruck macht, wäre das einfach herrlich!» So machte ich mich an die Arbeit und versuchte, Glenns Steinway dem «Vorbild» bei CBC anzupassen, was schließlich auch gelang. Glenn Gould war sehr zufrieden mit dem Resultat. Wir wurden noch bessere Freunde, und er spielte für die Aufnahmen in Toronto nur noch auf diesem einen Flügel.

B. R.: Bevorzugte er immer ausgeleierte Flügel dieser Art?

F. M.: Ja, und zwar aus folgendem Grund: Er war ursprünglich nämlich Organist, übrigens ein hervorragender Organist! In dem Film «Mein Toronto», den ich erwähnt habe, betritt er eine Kathedrale und spielt auf der Orgel, und das nicht weniger genial als auf dem Flügel. Das war eine seiner vielen Begabungen. Darum wollte er auch auf den Tasten des Flügels überhaupt keinen Gegendruck haben, eben wie er es von der Orgel her gewohnt war. Ohne Nachdruck ist das Spielen auf einem Flügel jedoch fast unmöglich, denn die Hämmer müssen ja mit einem gewissen Druck auf die Taste ausgelöst werden, damit sie an den Saiten anschlagen und dann wieder nachgeben können. Sie müssen in den sogenannten «Fänger» zurückfallen, während die Saiten vibrieren. Sobald kein Nachdruck da ist, tanzen und trommeln die Hämmer zwischen den Saiten und ihrem Fänger hin und her. Das stellt auch besondere Anforderungen an den Klaviertechniker. Es war sehr schwierig, zwischen den Aufnahmen das Instrument jeweils so zu regulieren, daß Glenn Gould zufrieden war und daß der Flügel einigermaßen, trotz leichten Trommelgeräusches, für die Aufnahme taugte.

B. R.: War es das, was er «operativen Eingriff» in den Flügel nannte?

F. M.: Ja, denn er sagte, es gebe keinen vernünftigen Grund, weshalb ein Flügel wie ein Flügel klingen müsse. Er suchte für sein Instrument eine ganz individuelle Klang- und Spielart. Gleichzeitig hatte er allerdings keine Ahnung davon, wie ein Flügel beschaffen ist und wo die Grenzen der Mechanik liegen. Auf manchen Einspielungen hört man tatsächlich das Trommeln der Hämmer. – Es gab bei Glenn Gould also drei furchtbare Handicaps: sein Mitsummen, seinen quietschenden Stuhl und drittens die Mechanik, die trommelnden Hämmer. – Aber eine Falschmeldung, wie sie in manchen Büchern über Glenn Gould verbreitet wird, muß ich bei dieser Gelegenheit ausräumen: Es wurde behauptet, er habe zu meiner Zeit auf mehreren Flügeln gespielt. Der eine Steinway sei sogar einmal fallengelassen und deshalb ausgewechselt worden. Das mag vor meiner Zeit einmal passiert sein, ich weiß es nicht. Aber in all den Jahren, in denen ich für ihn arbeitete, also von 1962 an, hat Glenn nur auf dem besagten Flügel mit der Nummer CD 318 gespielt, der 1945 gebaut worden war und den er 1960 kaufte.

B. R.: In den berühmten «Telefongesprächen» mit Jonathan Cott sagt Glenn Gould, der Prototyp für seine späteren Klaviere sei sein Chicke-

ring-Flügel aus der Zeit um 1895 gewesen, bei dem er ein ideales Verhältnis zwischen dem Tastengang und dem Auslösepunkt vorgefunden habe. Haben Sie den CD 318 auch nach dem Vorbild dieses Chickering reguliert, nicht nur des CBC-Flügels, den Sie eben erwähnt haben?

F. M.: Nein. Dieser Flügel stand bei Glenns Eltern. Ich habe ihn nie zu Gesicht bekommen. So gut ist ein Chickering übrigens gar nicht, und Glenn hat ihn keineswegs so geschätzt, wie er später behauptete. Sonst hätte er ja öffentlich darauf gespielt. Er hat ihn nämlich weder für eine Aufnahme noch für ein Konzert je benutzt. Wie gesagt, verstand Glenn Gould nichts von der Mechanik eines Flügels. Der CD 318 war vielmehr eines jener seltenen Steinway-Instrumente, aus dem man einen «Gould-Flügel» machen konnte. Er hatte ihn auf einer Tournee entdeckt und daraufhin der Steinway-Konzertabteilung abgekauft. Manchmal werde ich selbst von Klavierstimmern gefragt, wie man einen «Gould-» oder «Horowitz-Flügel» herstellen kann. Dann antworte ich immer, daß sich im Glücksfall unter hundert Steinway-Flügeln einer findet, der sich so regulieren läßt, wie es Gould und Horowitz liebten.

B. R.: Sie trugen ja dank Ihrer geschickten Auswahl und Intonierung der Flügel nicht unwesentlich zum Ruhm «Ihrer» Virtuosen bei. Warum wechselte Glenn Gould aber zuletzt zu Yamaha?

F. M.: Das ist eine leidige Geschichte. Tatsächlich hat er bei seiner letzten Aufnahme im Jahr 1982 die Goldberg-Variationen auf einem Yamaha-Flügel gespielt. Das kam so: Der CD 318, der vier Jahrzehnte lang im Dienst gestanden hatte und auf dem Gould alle Aufnahmen machte, war nun Anfang der achtziger Jahre total ausgespielt und überholungsbedürftig. Zwar hatte ich ihn regelmäßig revidiert. Ich hatte immer wieder die Hammerstiele ausgewechselt und vieles mehr. Aber mit der Zeit macht sich auch bei dem besten Instrument das Alter bemerkbar, erst recht bei einem Flügel, der bereits in so ausgeleiertem Zustand gekauft worden ist. Das Holz wurde brüchig und die Spieldynamik träge. Deshalb mußte das Instrument völlig überholt werden. Nun ist es schwierig, einen Flügel total zu revidieren, ohne daß sich sein Charakter verändert. Jeder Steinway-Flügel hat sein eigenes musikalisches Profil, das mit dem künstlerischen Profil des Pianisten harmonieren muß. Nur äußerste Sorgfalt bei der Reparatur wahrt auch den Charakter des Flügels. – Horowitz zum Beispiel hat sich lange Zeit dagegen gesträubt, daß ich seinen Flügel revidierte. Er hatte einfach Angst, das Instrument würde sich verändern, die Tasten würden nicht mehr gleich leicht anzuschlagen sein. Ich versprach ihm aber: «Maestro, das Spielgefühl wird absolut das gleiche bleiben.» So durfte ich dann seinen Flügel komplett überholen. Allerdings habe ich zuerst jedes einzelne Detail des Instruments vermessen und die Maße notiert. Jeden Hammer habe ich genau abgewogen. Der revidierte Flügel wurde schließlich ein Duplikat des alten! – All das nahm ich mir nun bereits für Goulds Flügel vor. Ich wußte, daß die Tasten bei einem Gewicht von ziemlich genau 46 Gramm heruntergehen mußten und daß sie das starke Aufgewicht bewahren mußten, das sie nun einmal hatten: Sie kamen mit 30 bis 32 Gramm Aufgewicht hoch, was sehr ungewöhnlich ist. Sie klebten praktisch an den Fingern! Glenn Gould konnte wie sonst nur Horowitz einen derartigen Flügel unter Kontrolle halten. Nun ging es also darum, der neuen Mechanik des CD 318 die gewohnte Spielart zu geben. Unglücklicherweise war ich aber gerade zu jener Zeit sehr beschäftigt und für andere Künstler tätig, unter anderem für Horowitz. Wir waren damals nur zwei Konzertstimmer bei Steinway, nicht acht wie heute. Ich war viel unterwegs, und mein damaliger Chef entschied kurzerhand, Goulds Flügel in der Steinway-Fabrik revidieren zu lassen. Er meinte, ich könne ja die entsprechenden Anweisungen zur Revision geben und den Flügel nachher noch selbst intonieren und stimmen. Ich war jedoch in großer Sorge und ahnte Schlimmes. Deshalb ging ich zur Fabrik und beschwor den dortigen Cheftechniker, die Spielart des CD 318 unter allen Umständen zu wahren. Die Techniker machten sich dann ans Werk und arbeiteten lange, sogar monatelang an dem Flügel. Als er mir schließlich vorgeführt wurde, sah ich meine Befürchtungen aufs Schlimmste bestätigt. Der Flügel war nicht mehr derselbe. Ich wußte, daß Glenn ihn niemals zurücknehmen würde. Der Tastendruck war viel zu stark, und das Gewicht war mindestens zwanzig Gramm schwerer, als Gould es liebte. Ich konnte nichts weiter tun, als den Flügel zu stimmen und seinem Schicksal zu überlassen.

B. R.: Und ihn noch einmal überholen, war das nicht möglich?

F. M.: Das war ausgeschlossen. Man kann einen Flügel nicht beliebig oft einer Totalrevision unterziehen. Bei diesem war die Sache nun gelaufen. Bald kam Glenn in die Fabrik, zusammen mit Bob Silverman, einem seiner guten Freunde, der auch das «Piano Quarterly» herausgab. Ich verhielt mich ruhig und unterdrückte jede Bemerkung. Als er den Flügel ausprobierte, begann er beinahe zu weinen und rief: «Was ist nur mit dem Flügel passiert? Das ist nicht mehr mein Flügel! Ich kann auf keinen Fall darauf spielen! Absolut unmöglich!» Da mußte ich ihm erklären, wie alles gekommen war und daß man mir die Verantwortung für den Flügel entzogen hatte. Glenn war sehr aufgebracht. Er hatte bereits einen Vertrag für die Einspielung der Goldberg-Variationen unterschrieben und mußte nun unbedingt ein geeignetes Instrument finden. Er suchte bei verschiedenen Firmen, fand aber nirgends, was er suchte. Auch bei Steinway nicht. Der Flügel von Horowitz hätte ihm geholfen, aber Horowitz hätte diesen niemals ausgeliehen. Schließlich hörte Gould von einem ausgespielten Yamaha mit einer leichten Spielart. Ostrovsky, ein bekannter Yamaha-Techniker, ein sehr feiner Mann, richtete ihn her. So konnte Glenn Gould nun die Goldberg-Variationen aufnehmen. Es wurde seine letzte Einspielung. Es war auch die einzige, bei der ich nicht dabei war. Glenn Gould starb bald darauf, vermutlich an einem Schlaganfall, am 4. Oktober 1982. Er war gerade fünfzig Jahre alt geworden.

B. R.: Darf ich noch einmal zurückblenden in die Zeit, als Sie regelmäßig nach Toronto flogen, um für die dortigen Aufnahmen zu stimmen? Wie gestaltete sich dort Ihre Zusammenarbeit mit Glenn Gould?

F. M.: Vielleicht sollte ich zuerst etwas über den Ort sagen, an dem die Aufnahmen stattfanden. In Toronto gibt es ein bekanntes und beliebtes Kaufhaus, das «Eaton». Damals war es in einem Gebäude untergebracht, auf dessen oberster Etage ein riesiger Konzertsaal, die berühmte «Eaton Hall», lag. Es war schon etwas eigenartig, daß die Konzertbesucher zuerst das Warenhaus betreten mußten, um durch das Sortiment hindurch nach hinten zu den Aufzügen und von da aus in die oberste Etage zum Konzertsaal zu gelangen. Die Akustik der Eaton Hall hatte es Glenn Gould angetan. Hier wollte er seine Aufnahmen machen, und anfangs ging alles problemlos. Doch dann zog das Eaton-Warenhaus aus diesem Gebäude aus und gab den Saal auf. Glenn Gould war außer sich vor Kummer. Er bat darum, den Saal zumindest noch für Schallplatten-Einspielungen benutzen zu dürfen, und es wurde ihm gestattet. Das Gebäude stand nun jedoch völlig leer. Es gab keine Elektrizität und keine Beleuchtung und auch keine Heizung mehr. An der Decke des Saals waren bereits die Leitungen herausgerissen. Wir waren wirklich die einzigen, die noch ein- und ausgingen. Die Atmosphäre hatte etwas Gespenstisches. Da wir auch im Winter Aufnahmen machten, mußte wieder eine Heizung her. Glenn Gould ließ sie installieren. Das Ganze muß ein Vermögen gekostet haben. Ich sehe noch deutlich die großen Propangasflaschen in den Gängen des Konzertsaals vor mir, welche Hitzewelle um Hitzewelle in den Saal warfen. War der Saal einmal geheizt, mußten sie abgestellt werden, denn ihr Zischen hätte die Aufnahmen beeinträchtigt. Irgendwo in einem der Nebenräume stand ein Generator, der uns mit Strom versorgte, damit wir wenigstens einige Lampen anschalten konnten. – In den letzten Jahren von Glenn Gould entwickelte sich zwischen uns, um Ihre Frage zu beantworten, ein schönes, freundschaftliches Verhältnis. Sogar wenn ich wegen anderer Künstler nach Toronto kam (ich war einmal mit Rudolf Serkin dort, mehrere Male auch mit Horowitz), holte mich Glenn Gould mit seinem Wagen am Flughafen ab. Er besuchte allerdings nie das Konzert eines dieser Pianisten, und doch chauffierte er mich in einem seiner «Lincoln Town Cars» herum. Das war übrigens die einzige Automarke, die er mochte. Einmal sagte er zu mir: «Franz, ich habe herausgefunden, daß das Lincoln-Town-Modell, das im nächsten Jahr herauskommt, etwa fünf Zentimeter kürzer sein wird als das jetzige. Darum habe ich mir eben noch zwei Exemplare mit den alten Maßen gekauft.» Nun, so war er. In seinen Lincolns herrschte immer ein schreckliches Durcheinander. Wenn er mich abholte, mußten wir zuerst den Boden und die Sitze freischaufeln, damit ich mich überhaupt irgendwo hinsetzen konnte. Er selbst saß mit lässig übereinandergeschlagenen Beinen am Steuer; die automatische Gangschaltung erlaubt ja so etwas.

B. R.: Hat Glenn Gould Sie auch einmal zu sich nach Hause eingeladen?

F. M.: Ja, ich habe sogar so manches Mal in Glenns Wohnung übernachtet. Sie lag im obersten Stockwerk eines riesigen Bürokomplexes. Nachts waren die Büros natürlich geschlossen, auch sonst hatte er keine Nachbarn, und so konnte er die ganze Nacht hindurch üben. Im Erdgeschoß befand sich ein gutes Restaurant, das durchgehend geöffnet war, und so konnte er zu jeder Nachtzeit sein Dinner bestellen. – Auch in seiner Wohnung herrschte ein beispielloses Durcheinander. Man mußte auf Zehenspitzen über die Papierberge hinweggehen, um sich einen Stuhl zu angeln. Und doch wußte Glenn immer sehr genau, wo was lag. Oft blieben wir eine ganze Nacht lang auf und hörten uns einen Stoß von Schallplatten an und diskutierten über Musik. Er legte Platte um Platte auf. Bach zum Beispiel liebte er über alles, ebenso die alten englischen A-capella-Madrigalchöre. Wir hörten sie uns sehr oft an, und er konnte sich wie ein Kind dafür begeistern.

B. R.: Zeugte diese Vorliebe von einer gewissen Frömmigkeit, oder war sein Interesse ausschließlich musikalischer Art?

F. M.: Es stimmt keineswegs, was man immer wieder über Glenn Gould liest: daß er ein Atheist war. Seine Liebe zu geistlichen Werken war nicht ausschließlich musikalischer Art. Er äußerte mehrmals seine Hochachtung vor den Texten, und einmal meinte er: «Die Bibel wird durch diese Musik lebendig.» Er war nie Mitglied einer Kirche, aber einmal sagte er zu mir: «Franz, ich passe nirgendwo hin, aber ich bin beeindruckt von der Lehre und der Lebensweise der Mennoniten. Wenn eine Gemeinde, dann eine solche!» Und 1973 schrieb er eine Rundfunkreportage über die Mennoniten mit dem Titel «Die Stillen im Lande».

B. R.: Ich komme noch einmal auf Ihre Aussage zurück, Glenn Gould habe niemals das Konzert eines anderen großen Pianisten besucht. Warum? Hatte dies mit Konkurrenzdenken zu tun oder damit, daß er selbst lange Zeit nicht mehr öffentlich aufgetreten war?

F. M.: Wohl eher mit letzterem. Mit 32 Jahren gab Glenn Gould am 28. März 1964 sein letztes öffentliches Konzert, das in der Orchestra Hall von Chicago stattfand. Er haßte die Verpflichtung, ein Publikum unterhalten zu müssen, das ihn aus dem Dunkel des Konzertsaals heraus anstarrte. Einmal witzelte er: «Horowitz hat sich vom Publikum dreizehn Jahre lang zurückgezogen. Ich kann zwanzig Jahre lang warten.» Das hing auch mit seiner Persönlichkeit zusammen. Er lebte wie in einer Muschel. Übrigens war er fest davon überzeugt, daß eines Tages die Form des öffentlichen Konzerts der Vergangenheit angehören würde, zugunsten elektronischer Tonträger. Deshalb liebte er das Studio, in dem er experimentieren und die Aufnahmen korrigieren konnte.

B. R.: Sie sprachen davon, daß Glenn Gould nicht nur Klavier, sondern auch hervorragend Orgel spielte, Sie erwähnten den Film «Mein Toronto» sowie eine Rundfunkreportage über die Mennoniten, die er schrieb. Hatte er noch weitere Begabungen?

F. M.: Ja, allerdings. Er schrieb zum Beispiel Bücher und Artikel über alles mögliche. Glenn war keineswegs einseitig, sondern an sehr vielem interessiert. Andere Musiker, für die ich arbeitete, waren in ihren Interessen oft sehr beschränkt, weil die Musik ihr ganzes Leben beherrschte und das einzige war, worüber sie sprachen. Glenn Gould war da ganz anders. – Er war auch ungeheuer an Filmen interessiert und wäre sicher ein ganz guter Regisseur geworden. Seine Vorliebe für Autos habe ich ja auch schon erwähnt. Er war einer jener Typen, die drei Dinge zu gleicher Zeit tun können. Während er am Steuer saß, konnte er sich mit mir unterhalten, zugleich einen Brief für seine Sekretärin diktieren und zur selben Zeit an einer Veröffentlichung weiterarbeiten. Vielleicht lag es daran, daß er konstant kreativ tätig war. Er war eine ungeheuer schöpferische Persönlichkeit! Er machte insgesamt achtzig Einspielungen und hinterließ 20 000 Papiere und Gegenstände aus seinem privaten Besitz, die heute in der Nationalbibliothek in Ottawa aufbewahrt werden. Darunter ist auch der Steinway-Flügel CD 318, an dem ich unzählige Stunden gearbeitet habe – und natürlich der berühmte quietschende Klavierstuhl!

2 Wladimir Horowitz

B. R.: Herr Mohr, Sie haben für alle großen Pianisten der letzten dreißig Jahre gearbeitet. Insbesondere für Wladimir Horowitz waren Sie der wichtigste Mann, ohne den er niemals aufgetreten wäre. Gab es zwischen den Pianisten, für die Sie gearbeitet haben, Konkurrenz oder gar Fehden? Sie haben vorhin bemerkt, Horowitz hätte Glenn Gould niemals aus seiner verzweifelten Situation herausgeholfen und ihm sein Instrument ausgeliehen.

F. M.: Horowitz hegte anderen Pianisten gegenüber recht unterschiedliche Gefühle. Zu den ganz wenigen Künstlern, deren Konzerte er überhaupt besuchte, gehörte Alicia de Larrocha. Horowitz' Frau, Wanda Horowitz-Toscanini, besuchte sehr oft Konzerte anderer Künstler, dann aber ohne ihren Mann. Ich erinnere mich an einen Konzertabend, an dem Alicia de Larrocha in der Avery Fisher Hall in New York spielte: Werke von Mozart, und natürlich ihre spanische Klaviermusik, für die sie sehr bekannt ist. Nach dem Konzert standen wir noch oben auf der letzten Etage etwas beisammen. Da kam Horowitz mit Wanda. Als Alicia de Larrocha ihn sah, lief sie ihm entgegen. Sie war so überwältigt, daß der große Meister zu einem ihrer Konzerte gekommen war, daß sie vor ihm auf die Knie fiel. Sie küßte ihm sogar die Schuhe. Für mich als Christ hatte das einen seltsamen Beigeschmack. Allein Gott verdient es, angebetet zu werden! Aber kein sterblicher Mensch, auch nicht der größte Pianist! – Bei uns in der Runde stand auch Claudio Arrau. Ihm gegenüber verhielt sich Horowitz völlig anders. Er begrüßte ihn nicht, sondern wandte sich zu mir um und rief ganz laut, so daß jeder es hören konnte: «Schauen Sie mal, Franz: Dieser Mann ist aber alt geworden!» Niemand wagte es, weiterzusprechen. So peinlich konnte es um Horowitz herum werden. Aber es war offensichtlich, daß er Alicia de Larrocha bewunderte. Er sagte zu mir: «Sie ist eine der wenigen, die ganz wunderbar Mozart spielen.» Ein anderer Pianist, den Horowitz akzeptierte und sogar sehr schätzte, war Rudolf Serkin, für den ich viel gearbeitet habe. Horowitz fragte mich immer wieder: «Wie geht's dem Rudi?» Und umgekehrt sprach Rudolf Serkin mit Hochachtung über Wladimir Horowitz und erkundigte sich bei mir regelmäßig: «Wie geht es dem Meister? Was macht er? Ich höre, Sie gehen mit ihm auf Tournee. Ich lasse ihm alles Gute wünschen.» Und er träume immer noch davon, einmal mit Horowitz zusammen zu spielen. – Eines Tages sagte ich zu Horowitz: «Rudolf Serkin hat eine sehr hohe Meinung von Ihnen. Er spricht immer wieder von Ihnen. Rufen Sie ihn doch einmal an, er würde sich ungeheuer freuen!» Da wurde Horowitz fast aggressiv und antwortete abrupt: «Er soll zuerst anrufen, er ist drei Monate jünger als ich.» Das war wieder der Humor von Horowitz.

B. R.: Humor oder schlechte Kinderstube. Wahrscheinlich konnte man das nur schwer auseinanderhalten.

F. M.: Wie dem auch sei: Horowitz und Serkin haben, soviel ich weiß, nie zusammen musiziert. Aber als ich für Horowitz in Berlin stimmte, war ausgerechnet zur selben Zeit auch Rudolf Serkin dort und gab Konzerte. Er wohnte sogar wie wir im Hotel Kempinski. Als wir von einer Probe ins Hotel zurückkehrten, saß Rudolf Serkin im Foyer und sprang sofort auf. Man muß wissen, daß die beiden sich seit Jahren nicht mehr gesehen hatten. Sie umarmten einander voller Freude und setzten sich auf ein Sofa. Ich sah, wie Rudolf Serkin die Tränen über die Wangen liefen. So bewegt war er. Natürlich zogen wir, die Freunde und Begleiter der beiden Pianisten, uns zurück und ließen die beiden allein. Sie saßen sehr lange dort und redeten – wohl von den alten Zeiten in Berlin. Beide hatten früher in der Zwischenkriegszeit in Berlin gewohnt. Rudolf Serkin hatte mir einmal gesagt: «Franz, ich vergesse nie, wie ich zum ersten Mal als Student Horowitz hörte. Er war gerade von Rußland gekommen. In Berlin war er überhaupt noch nicht bekannt, obwohl er als erst Neunzehnjähriger in Rußland schon einen großen Ruf hatte. Nur unter den Musikstudenten der Berliner Akademie war er ein Geheimtip. Man sagte mir, ich müsse dieses unglaubliche Talent unbedingt hören, und lud mich zu einem Hauskonzert ein. Ich ging mit anderen Studenten zusammen hin und hörte nun also diesen Horowitz spielen. Noch heute habe ich den unvergleichlichen Klang dieses Chopin in den Ohren, den er spielte!» Diese erste Begegnung hatte in den zwanziger Jahren stattgefunden, bevor Horowitz nach Amerika kam.

B. R.: Sie haben auch lange für Artur Rubinstein gearbeitet. Wie war das Verhältnis zwischen Rubinstein und Horowitz?

F. M.: Das ist ein anderes Kapitel. Als ich anfing, für Horowitz zu arbeiten, wurde ich immer wieder von Steinway ermahnt, den Namen Artur Rubinstein auf keinen Fall zu erwähnen, wenn Horowitz in der Nähe war. Horowitz hat mich auch nie danach gefragt, wie es Artur Rubinstein gehe, obwohl er sehr genau wußte, daß ich auch für ihn tätig war. Der Grund dafür lag Jahre zurück und war sehr banal. Der Horowitz-Biograph Glenn Plaskin erzählt, daß Horowitz und Rubinstein in jungen Jahren gute Freunde waren und oft miteinander musizierten, sich dann jedoch aus den Augen verloren. Artur Rubinstein machte Karriere, und ebenso Wladimir Horowitz. Als sie einmal in derselben Stadt waren, wollte Horowitz Rubinstein zu einem Abendessen einladen. Rubinstein nahm begeistert an, obwohl er zum vereinbarten Termin eigentlich hätte auftreten müssen. Aber er sagte sogar den Konzertabend ab, um mit Horowitz essen zu gehen. Da geschah es, daß Rubinstein wohl am vereinbarten Ort erschien, Horowitz aber nicht auftauchte. Er hatte das Ganze einfach vergessen. Artur Rubinstein war so aufgebracht, daß er sich schwor, nie wieder mit Horowitz zusammenzutreffen. Das ist die Geschichte. So habe ich Rubinstein niemals im Beisein von Horowitz erwähnt und auch vor Rubinstein nie über Horowitz gesprochen.

B. R.: Konnte Horowitz überhaupt andere Künstler akzeptieren? Wie kam er mit denjenigen aus, mit denen er zusammen spielte?

F. M.: Ich erlebte nur ein Konzert, bei dem er mit anderen Künstlern zusammen auftrat. Es war zugleich das einzige Konzert seiner letzten Jahre – oder Jahrzehnte –, das er mit anderen Musikern zusammen gab. Es fand am 18. Mai 1976 in der Carnegie Hall statt und wurde das «Konzert des Jahrhunderts» genannt. Neben Horowitz spielten Isaac Stern und Mstislav Rostropowitsch. Dietrich Fischer-Dieskau sang. Leonard Bernstein dirigierte. Es war wirklich ein denkwürdiges Konzert und das einzige seiner Art. Horowitz spielte mit Rostropowitsch die Rachmaninow-Sonate für Cello und Klavier. Ich erinnere mich, daß Rostropowitsch den Wunsch äußerte, mit seinem Cello auf einem kleinen, vielleicht fünfzehn Zentimeter hohen Podium zu sitzen. Horowitz wehrte sich dagegen: «Das kommt überhaupt nicht in Frage, Sie sitzen auf der Bühne genauso hoch wie ich!» Es gab einen Kampf, der zwei Proben lang anhielt, bis schließlich Rostropowitsch nachgab und auf sein Podest verzichtete. – Einer der wenigen, deren Konzerte der Maestro besuchte, war Dietrich Fischer-Dieskau. Er begleitete ihn im selben Konzert bei Schumanns «Dichterliebe». Während der Proben und im Konzert arbeiteten sie sehr gut und praktisch ohne Schwierigkeiten zusammen. Zum Abschluß sangen sie miteinander noch Händels «Halleluja». Es war eine gute, fröhliche Atmosphäre. Aber es war auch eine große Seltenheit, daß Horowitz mit anderen zusammen musizierte. Er hat in all den Jahren, in denen ich mit ihm zusammenarbeitete, auch keine Kammermusik-Konzerte gegeben. Dabei hätte er ganz gern mehr Kammermusik gespielt.

B. R.: Warum hat er es nicht getan?

F. M.: Wahrscheinlich war er zu träge, um so etwas in die Wege zu leiten. Er hat jedoch privat viel mit dem Violinisten Isaac Stern zusammen gespielt. Zumindest in den Jahren, in denen er ganz in der Nähe von Stern in New Milford im Staat Connecticut wohnte. Da kamen sie öfters zusammen und musizierten miteinander. – Horowitz hat auch nur sehr wenige Orchesterkonzerte gegeben. Er konnte sich nicht den Vorstellungen der Dirigenten beugen, wenn diese nicht ganz mit seiner eigenen Interpretation übereinstimmten. Einmal, als er nach dreizehnjähriger Abwesenheit von der Bühne wieder Konzerte gab, entschied er sich, mit dem 3. Klavierkonzert von Rachmaninow aufzutreten. Das New Yorker Philharmonische Orchester spielte unter der Leitung von Eugen Ormandy, und zwar in der Carnegie Hall. Ich vergesse nie, wie Horowitz nach dem Konzert im Künstlerzimmer saß und außer sich vor Wut schrie: «Wo ist er? Wo ist er? Ich bringe ihn um! Ich bringe ihn um!» Er meinte damit Ormandy. «Der Mann gehorcht mir nicht! Der Mann gehorcht mir nicht!» Er war so aufgeregt, daß er aufsprang und zu Ormandys Künstlerzimmer laufen wollte. Wir haben ihn aber beschwichtigt und in den Sessel zurückgedrückt. Da hat er sich schließlich beruhigt. Horowitz war ein zu großer Individualist, um sich mit anderen arrangieren zu können. In einem Soloprogramm war er jedoch völlig frei. – Und doch sollte ich erwähnen, daß er am Ende seines Lebens sehr angetan war von Carlos Kleiber. Jemand hatte ihm eine Videoaufnahme mit einem Konzert gegeben, das Kleiber dirigierte. Ich glaube, es war ein Konzert in Wien. Horowitz war davon so begeistert, daß er mir einmal sagte: «Franz, ich werde noch einmal ein Orchesterkonzert geben, und der Dirigent muß Kleiber sein.» Doch dazu ist es leider nicht mehr gekommen.

B. R.: Einen anderen Pianisten hat Wladimir Horowitz immerhin geschätzt: Franz Mohr. Sie haben ihm einmal vorgespielt, und er hat Sie gelobt!

F. M.: Nun, Sie machen natürlich einen Scherz und spielen auf eine etwas komische Szene an. Erstens spiele ich kaum Klavier, und zweitens hätte ich es nie gewagt, im Beisein von Horowitz etwas zu klimpern. Allerdings, wenn ich einen Flügel stimme, spiele ich meist noch ein paar Takte darauf. Aber, wie gesagt, niemals, wenn Horowitz oder ein anderer Künstler da war. Worauf Sie anspielen, war eher ein Mißgeschick, das ein glimpfliches Ende fand. Auf der zweiten Japan-Tournee mit Horowitz, bei der er großartige Erfolge feierte, war das Ehepaar Horowitz in einer luxuriösen Hotelsuite untergebracht. In einem der vielen Zimmer stand ein Flügel, auf dem Horowitz sich gern etwas einspielte. Meine Aufgabe war es, den Flügel jeweils etwas nachzustimmen. Ansonsten hatte ich meistens frei. Nun hatte ich mir eines Tages Tickets für eine Sightseeing-Tour auf den Fujiyama gekauft, die anderntags stattfinden sollte. Dummerweise verstimmte sich gerade am Vorabend meiner Tour dieser Flügel, und ich sollte ihn am nächsten Morgen nachstimmen. Ich sah meinen Ausflug schon ins Wasser fallen und erwähnte dies Wanda gegenüber. «Ich werde also um elf bei Ihnen sein», sagte ich. Vorher durfte man Horowitz, der lange schlief, auf keinen Fall wecken. «Zwar habe ich Tikkets für eine Fujiyama-Tour, die um neun beginnt. Aber ich kann sie vielleicht zurückgeben.» Wanda war sehr verständnisvoll und überlegte: «Nein, wir machen das anders. Wir haben ja fünfzehn Zimmer in unserer Suite, und das Zimmer mit dem Flügel ist weit weg vom Schlafzimmer. Kommen Sie einfach um acht Uhr! Wolodja hört Sie nicht.» Sie sagte immer «Wolodja» statt Wladimir.

B. R.: Wolodja – was heißt das?

F. M.: Das ist ein Kosename für Wladimir, denke ich, und Wanda sprach ihn so ähnlich wie «Felouscha» aus. Sie ermöglichte es mir also, an «Wolodja» vorbei den Flügel zu stimmen. Und so ging ich dankbar am nächsten Morgen um acht Uhr ans Werk. Nach getaner Arbeit war ich unvorsichtig genug, ein wenig zu spielen. Oft schlage ich ein paar schöne Takte aus Schuberts Klaviersonate in A-Dur an. Sie stammen wirklich aus Schuberts A-Dur-Sonate, das weiß ich genau. Auf einmal ging neben mir die Tür auf und Horowitz stand im Zimmer. Ganz erstaunt rief er aus: «Franz, you never played for me!» – «Franz, für mich haben Sie aber noch nie gespielt!» Und dann fügte er hinzu: «That is a nice Beethoven!» – «Das ist ein hübscher Beethoven!» Ich wollte ihn gleich korrigieren, konnte es mir aber gerade noch verkneifen. Niemals hätte ich ihn richtigstellen dürfen, etwa mit den Worten: «Maestro, das ist kein Beethoven, sondern ein Schubert!» – Später mußte ich die Geschichte samt Schubert-Sonate sogar in einer deutschen Fernseh-Show zum besten geben, und zwar in der ZDF-Sendung «Leute von heute – Live vom Café Kranzler».

B. R.: Darf ich noch einmal auf Horowitz' Beziehung zu anderen Pianisten zurückkommen? Wie verhielt er sich seinen Schülern gegenüber? Konnte er sie annehmen oder sogar fördern?

F. M.: In seinen letzten Jahren interessierte sich Horowitz sehr für junge Schüler und Talente. Damals war er befreundet mit David Dubal, der auch das Buch «Abende mit Horowitz» geschrieben hat. Er ist Pianist und Professor für «Piano Literature» an der Julliard School of Music in New York. Damals brachte David Dubal viele junge Talente zu Horowitz, die dieser zunächst einmal kritisch anhörte. Übrigens verlangte er ungeheuer hohes Schulgeld, und dies mußte immer im voraus bezahlt werden. Von einem jungen Pianisten war er besonders begeistert und schwärmte auch mir gegenüber immer wieder von ihm. Das war Eduardus Halim, ein junger Mann aus Indonesien. Er ist ein ausgezeichneter Pianist. Erst kürzlich war ich in einem Konzert in der «Y», einem Konzertsaal in New York, wo Halim spielte und großen Erfolg hatte. Als sich Horowitz damals so begeistert von ihm zeigte, sagte Wanda zu mir: «Ich kann das gar nicht verstehen, daß er sich so für diesen Eduardus Halim begeistert. Der Mann ist ja ein «banger», der hat ja überhaupt kein künstlerisches Gefühl.» Sie meinte mit «banger» jemanden, der auf dem Flügel herumhackt. Das stimmte in diesem Fall aber nicht. Halim ist wirklich ein hervorragender Pianist! Nur kopiert er nach meinem Geschmack Horowitz etwas zu stark. – In den letzten Wochen vor seinem Tod sagte Horowitz einmal zu mir: «Franz, ich habe viele Schüler gehabt, doch ich erkenne nur einen offiziell an, der je bei mir studiert hat, und das ist Byron Janis.» Diese Aussage war etwas übertrieben. Sicher, Byron Janis war ein hervorragender Künstler. Aber Horowitz hatte auch andere großartige Schüler. Janis, der übrigens die Tochter von Gary Cooper zur Frau hatte, litt in jungen Jahren (er ist jetzt in den Fünfzigern) unter Arthritis in den Fingern. Dies tat seiner Karriere einen großen Abbruch. Zwar spielte er später wieder einmal öffentlich, doch die Kritik war sehr gemischt: Es gab gute und schlechte Aussagen. Man schrieb, daß zwar das alte Talent wirklich noch spürbar und der Ton wunderbar sei, daß Janis aber technische Schwierigkeiten habe, die man der Krankheit zuschreiben müsse. Einmal war ich wenige Tage nach einem Konzert von Byron Janis bei Horowitz. Auch Richard Probst war da, der damalige Steinway-Direktor für Konzertdienste und internationale Direktor der Konzertabteilung. Er hatte das Konzert von Byron Janis ebenfalls besucht, und Horowitz wollte von ihm wissen, wie es war. Richard Probst tat nun etwas, was er nie hätte tun sollen. Er kritisierte das Konzert von Byron Janis in solch einer Weise, daß Horowitz einfach ärgerlich wurde. Aber er sagte nichts. Probst zog heftig über Byron Janis her. Ich wurde nervös, als ich ihn so reden hörte, denn im Beisein von Horowitz konnte man so etwas einfach nicht tun. Probst sagte, der Mann dürfte eigentlich gar nicht mehr spielen. Als Richard Probst fort war – ich mußte noch etwas dableiben und am Flügel arbeiten –, wandte sich Horowitz zu mir und sagte: «Franz, ich will Ihnen eines sagen: Dieser Mann, der Richard Probst, wird nie mehr mein Haus betreten.» Das war das Ende von Richard Probst.

B. R.: Sein Ende bei Horowitz oder sein Ende bei Steinway?

F. M.: Eigentlich beides. Richard Probst hatte zur gleichen Zeit auch Schwierigkeiten mit den neuen Eigentümern von Steinway. Aber schon früher gab es auch zwischen ihm und Horowitz starke Spannungen. Zum Beispiel in Amsterdam, wo Richard Probst dem Maestro zu widersprechen wagte. Horowitz jagte ihn weg mit den Worten, er solle nichts mehr mit Klavieren zu tun haben. Er solle lieber Autos verkaufen. Und dann setzte er noch eins obendrauf: Nein, nicht gewöhnliche Autos solle er verkaufen, sondern Gebrauchtwagen!

B. R.: Offenbar konnte Richard Probst, abgesehen von seinem sonstigen Mißgeschick, nicht so gut mit Horowitz umgehen wie Sie. Sie sind seit den frühen sechziger Jahren sein persönlicher Klavierstimmer gewesen und haben ausgehalten. Mit Engelsgeduld haben Sie haarsträubende Wutanfälle von Horowitz erlebt. Sind Sie dabei immer ruhig geblieben?

F. M.: Nein, da konnte ich keineswegs immer ruhig bleiben, zumindest innerlich nicht. Horowitz' Anfälle waren furchterregend. Wir haben dann alle gezittert. Die Szene mit Ormandy, die ich vorhin erwähnt habe, war nur eine von vielen. In den letzten Jahren waren wir einmal zusammen in Mailand, und er spielte das Klavierkonzert Nr. 333 von Mozart mit dem Scala-Orchester unter Giuliani für eine Schallplattenaufnahme ein. Er wollte, daß ich die Seiten für ihn umblätterte. Das war etwas, wovor ich mich immer so fürchtete. Da fiel mir eine gute Ausrede ein, und ich sagte: «Maestro, Tom Frost beklagt sich immer, daß ich zu geräuschvoll umblättere. Er kann mich nie gebrauchen.» Tom Frost war der Produzent. Er stand dabei und unterstützte mich: «Nein, nein, lassen Sie das nicht den Franz machen, der macht zuviel Geräusch.» Man schlug vor, einen Musikstudenten vom Scala-Konservatorium zu holen. Natürlich würde man ihn bezahlen. Horowitz willigte ein unter der Bedingung, daß der Student kein Pianist sein dürfe. So brachten sie einen jungen Flötisten herbei, der dieses verantwortungsvolle Amt übernahm. Aber leider hatten wir vergessen, ihn darüber aufzuklären, daß Horowitz jederzeit explodieren konnte. Was natürlich ausgerechnet jetzt passierte. Während der Aufnahme wurde Horowitz von einer Sekunde auf die andere fuchsteufelswild, aus irgendeinem unerforschlichen Grund. Wenn er explodierte, fluchte er immer auf Russisch. Was er also sagte, kann ich nicht wiedergeben. Er sprang auf, zerriß die Seiten und trommelte mit den Fäusten auf das Notenpult des Flügels, so daß es zerbrach. Wir haben es später reparieren müssen. Der junge Mann wußte nicht, was da vor sich ging. In Panik sprang er auf und fiel über die Notenständer der ersten Geiger. Es war ein großer Tumult! Eine ganze Reihe Notenständer fiel um, ein Musiker lag plötzlich am Boden. Es war eine unglaubliche Szene... – Ähnliches ereignete sich noch während einer anderen Platteneinspielung. Es war bei Columbia Records im berühmten Aufnahmestudio in der 30. Straße in New York. Damals war ich der Unglückliche, der die Seiten umblättern mußte. Da begann Horowitz plötzlich zu schreien: «Ich kann nicht spielen, ich kann nicht spielen! Es kommt nichts raus!» Er sprang auf und zerriß die Seiten. Ich fiel vor Schreck vom Stuhl und kroch in Deckung. Ich vergesse das nie. Mit den Fäusten attackierte er die Klaviatur. Schließlich flüchtete ich mich ins Studio hinauf, wo die Techniker saßen. Wir wagten kaum, uns anzusehen, was da unten am Flügel passierte. Wir hörten nur einen gewaltigen Donner. Horowitz mußte aufgesprungen sein und mit der Faust gegen die Deckelstütze geschlagen haben. So war der Deckel mit lautem Getöse auf den Flügel heruntergedonnert. Es war unheimlich. Wanda rief: «Franz! Franz!» Dann wandte sie sich aufgeregt zu uns: «Geht hinaus, der bringt sich um!» Aber ich hatte keinen Mut, hinauszugehen und etwas zu unternehmen. Was hätte ich auch tun können? Am Schluß beruhigte er sich von selbst. Nach seinen Ausbrüchen war alles schlagartig vorbei. Wie es gekommen war, so war es auch verflogen. Er wurde dann äußerlich sehr ruhig. Aber innerlich war er noch so aufgewühlt, daß er nicht weiterspielen konnte.

B. R.: Was geschah, wenn Horowitz einen solchen Ausbruch vor einem Konzert hatte?

F. M.: Im schlimmsten Fall mußte es abgesagt werden. Das geschah einmal in Boston. Ich hatte in der dortigen Symphony Hall den Flügel für die Probe gestimmt, als plötzlich Wanda kam und ganz ruhig sagte: «Franz, nehmen Sie das nächste Flugzeug nach Hause. Es gibt kein Konzert heute. Horowitz hat abgesagt.» Ich wagte mich nicht danach zu erkundigen, was geschehen war. Ob sich Horowitz vielleicht unwohl fühlte? Man konnte in einem solchen Moment einfach nicht fragen. Wanda sagte nur: «Schließen Sie den Flügel, und gehen Sie nach Hause; es gibt kein Konzert.» Ich tat so, als ginge ich weg. Aber ich konnte es einfach nicht glauben, daß das Konzert ins Wasser fiel. So versteckte ich mich etwas und wartete lange, sehr lange. Aber Horowitz hatte tatsächlich abgesagt. Nachher habe ich herausgefunden, was eigentlich passiert war. Horowitz hatte im Sheraton-Hotel, wo er damals wohnte, ziemlich spät noch gegessen und da Krach geschlagen. Er schrie, die Hamburger seien nicht durchgebraten, worauf ihm der Kellner widersprach. Und schon hatte sich Horowitz nicht mehr in der Gewalt. Seine Nerven versagten, und es war unmöglich, noch an ein Konzert zu denken.

B. R.: Hatte er etwa Lampenfieber und war deshalb um so reizbarer?

F. M.: Sicher war er vor einem Konzert besonders aufgeregt. Jeder Pianist ist vor einem Auftritt nervös, und Horowitz mußten wir oft mit Gewalt daran hindern, daß er vorzeitig auf die Bühne stürmte. Wobei zu sagen ist, daß er auch sonst unberechenbar war. Aber vor einem Konzert konnte ihn die geringste Kleinigkeit ungeheuer stören. Einmal sollte uns vor einem Konzert eine von Steinway gemietete Limousine bei Horowitz zu Hause abholen. Dummerweise blieb sie auf dem Weg zu uns im Verkehr stecken. Wir warteten eine Stunde und bestellten dann ein Taxi. Kaum stieg Horowitz ein, entdeckte er vorne auf dem Armaturenbrett eine Staubschicht. Er geriet außer sich vor Wut und rief: «Schmutz! Da ist ja Schmutz!» Er gebrauchte dabei tatsächlich das deutsche Wort «Schmutz». Er stieg gar nicht erst ein, sondern wir mußten den Weg zur Carnegie Hall, der den Central Park entlangführt, schnell zu Fuß zurücklegen. Glücklicherweise war dies keine so lange Strecke, aber immerhin einige Wohnblocks weit. Knapp vor dem Konzert waren wir da. Schmutz war etwas, worüber Horowitz sich sehr aufregte. Oft fuhr ich in der Künstlergarderobe eines Konzertsaals mit meinem Taschentuch noch rasch über die Möbel, um eine Krise abzuwenden. Meine Frau fragte dann immer: «Was hast du bloß mit deinen Taschentüchern angestellt? Die sind immer so schmutzig!» Ich vergaß immer, ein Staubtuch zu meinen Utensilien zu packen. Auch zum Reinigen des Flügels mußten meine Taschentücher herhalten.

B. R.: Daß Ihnen Horowitz sehr gewogen war, verwundert nicht. Das hängt wohl nicht nur mit Ihrer großen Dienstbereitschaft, sondern ebenso mit Ihrer gewinnenden Persönlichkeit zusammen. Gleichzeitig wußte er ganz genau, daß er Sie nicht verlieren durfte. Sie sind ja der eigentliche Schöpfer seines berühmten Flügels CD 314.503 und absolut der einzige, der es Horowitz immer wieder ermöglichen konnte, dem Instrument diesen einzigartigen Klang zu entlocken. Er war somit ganz von Ihrem Dienst abhängig.

F. M.: Das ist schon richtig. Obwohl es auch Momente gab, in denen ich um meine Stellung ziemlich bangen mußte. Dies hing aber weniger mit Horowitz zusammen als mit Mißgeschicken, die mir selbst unterliefen.

B. R.: Zum Beispiel?

F. M.: An einem Samstagmorgen, als ich von New York nach Boston fliegen mußte, um den Horowitz-Flügel für die Hauptprobe zu stimmen, stieg ich dummerweise in ein falsches Flugzeug. Von New York aus fliegen sogenannte «Shuttle»-Flüge jede halbe Stunde zwischen verschiedenen Städten hin und her, und die Leute besteigen sie, wie man einen Bus besteigt. Damals konnte man sein Ticket sogar erst im Flugzeug lösen, was ich aber nicht tat. Ich hatte mein Ticket nach Boston bereits in der Tasche. Nun war der Flughafen «La Guardia» gerade im Umbau, und ich ließ mich wohl durch die Baustelle so irritieren, daß ich ein falsches Flugzeug erwischte. Als wir abhoben, merkte ich, daß wir, statt von New York wegzufliegen, in einem Bogen über die Stadt nach Süden abdrehten. Ich sprach meinen Nachbarn an und fragte höflich: «Könnten Sie mir bitte sagen, wohin wir fliegen?» Ich sehe ihn noch vor mir, wie er mich verdutzt anstarrte, aber ebenso höflich antwortete: «Nach Washington, mein Herr.» Nun, nach dem ersten Schock begann die Rechnerei. Ich hatte ursprünglich ausgerechnet, daß es mir reichen würde, wenn ich um zehn Uhr vormittags in Boston wäre. Die Probe fand erst um vier, das Konzert am späten Nachmittag des folgenden Tages statt. Da gab es genug Zwischenzeit. Nun mußte ich aber alles daransetzen, den nächsten Flug von Washington nach Boston zu bekommen. Den Steinway vor der Probe noch zu stimmen, dazu würde es wohl nicht mehr reichen. Das war weiter nicht schlimm, da das

Instrument die Stimmung nach dem Transport bestimmt gehalten hatte. Es galt also, spätestens um vier dort zu sein. Und wenn es auch auf vier nicht reichen würde, wäre das auch keine Katastrophe – wenn ... ja, wenn der Flügel nicht abgeschlossen sein würde! Das war das zweite Problem: Der Schlüssel des Flügels war in meiner Tasche! Horowitz besaß zwar einen zweiten Schlüssel, aber den hatte er mit Sicherheit nicht dabei und wahrscheinlich auch irgendwo verlegt. Ich mußte also unbedingt um vier – oder allerspätestens, weil Horowitz nie ganz pünktlich war, um zehn nach vier – dort sein. Sonst stand mein Job oder zumindest mein gutes Verhältnis zu Horowitz auf dem Spiel! – In Washington angekommen, erfuhr ich, wie hilfsbereit das Bodenpersonal war. Man reservierte mir, da es am selben Tag keine direkte Verbindung nach Boston mehr gab, den Flug zurück nach New York. Von dort aus würde ich nach Boston weiterfliegen können. Das klappte auch ganz gut. Die Landezeit in Boston war zwanzig vor vier, und mit einem Taxi würde ich es bis zum Konzertsaal gerade noch schaffen. Als Christ schicke ich in solchen Situationen immer Stoßgebete zum Himmel, und ich wußte trotz aller Aufregung, daß Gott die Sache in seiner Hand hatte. Da geschah etwas, was ich weder vorher noch nachher je erlebt habe: Statt auf der Landebahn in Boston aufzusetzen, startete das Flugzeug im letzten Moment noch einmal durch. Der Kapitän gab uns bekannt, die Piste sei noch von einer anderen Maschine blockiert. So mußten wir einige Runden drehen, bevor wir kurz vor vier Uhr landeten. Ich lief zu einem Taxi und bat den Chauffeur, so schnell wie möglich zur Symphony Hall zu fahren. Der drehte sich zu mir um und sagte: «Ich bedaure, aber um diese Zeit sind die Straßen völlig verstopft. Das wird mindestens eine Stunde dauern.» So kam ich um zehn nach fünf vor dem Konzertgebäude an – in Erwartung einer Katastrophe. Als ich die Treppen zum Konzertsaal hinaufhastete, erwartete mich oben Richard Probst, der damalige Konzert-Direktor von Steinway, und rief aufgeregt: «Franz, wo bist du gewesen? Wir haben dich überall gesucht und auch im Hotel angerufen! Wir wollten dir sagen, daß die Probe für heute ausfällt. Horowitz probt erst morgen.» – Ein andermal, in Hamburg, passierte mir ein nicht weniger aufregendes Mißgeschick. Es war ein Sonntag, an dem Horowitz sein Konzert geben würde. Ich war vormittags noch in der Kirche – zusammen mit meinem Sohn Michael, der damals bei Steinway in Hamburg in die Lehre ging. Wir besuchten eine kleine Baptistengemeinde. Als die Kollekte eingesammelt wurde, griff ich in die eine Hosentasche, wo ich noch viel loses Kleingeld hatte. Da ich am nächsten Tag ohnehin wieder in die Vereinigten Staaten reisen würde, brauchte ich nun kein Kleingeld mehr, und so legte ich die Handvoll Münzen ein. Nun war unglücklicherweise auch der kleine Klavierschlüssel zu Horowitz' Flügel in der Hosentasche, und der wanderte mit in die Kollekte! – Erst nachmittags, als ich den Flügel öffnen wollte und den Schlüssel nirgends fand, ging mir das auf. Ich sagte zu Michael: «Wir müssen schnell zur Kirche zurück! Vielleicht ist noch jemand da, der uns hilft.» Gesagt, getan. Aber als wir vor dem Gebäude ankamen, war die Tür verschlossen. Der nächste Gottesdienst war erst am Abend, zur selben Zeit wie das Konzert! Es blieb uns nichts anderes übrig, als zurückzukehren und den Deckel des Steinway – so sorgfältig wie möglich und ohne sichtbare Spuren zu hinterlassen – aufzubrechen. Ich hätte Horowitz nie davon erzählen oder um seinen eigenen Schlüssel bitten dürfen, wenn ich sein Klavierstimmer und Freund bleiben wollte. Erst später, als ich wieder zurück in den USA war, reparierte ich den Deckel.

B. R.: Diese Situationen hätten ja auch ganz anders ausgehen können ... Aber noch einmal: Ihre Stellung war doch nie wirklich gefährdet. Dafür waren Sie für Horowitz zu wichtig!

F. M.: Vielleicht ja. Es gab drei Dinge, ohne die Horowitz nie ein Konzert gegeben hätte: erstens seinen Flügel, in erster Linie den berühmten CD 314.503, den er während der letzten Jahre immer mitnahm; zweitens die Akustik des Saals und drittens mich, seinen Klavierstimmer. Er sagte immer wieder, wenn er mich vor einem Konzert sah: «Franz, jetzt, wo ich Sie sehe, weiß ich: Es wird alles gut werden.» Ich hielt ja seinen Flügel instand. Natürlich war für Horowitz auch das Geld sehr wichtig. Das war das Vierte. Die Gage mußte ihm vor einem Konzert immer bar bezahlt werden.

B. R.: Bar? Dann trat er also bereits mit dem Geld in der Tasche auf? Eine seltsame Vorstellung.

F. M.: Nun ja, manchmal war der Umschlag auch so dick, daß er ihn mir zur Verwahrung übergab – bis nach dem Konzert. Meistens ging er dann am Abend noch in ein Spielkasino. Zumindest eine Zeitlang spielte er noch regelmäßig, allerdings nie um große Beträge. Ich war nie dabei, dafür aber Wanda und Peter Gelb, sein Produzent.

B. R.: Noch eine Frage zu der Beziehung zwischen Ihnen und Horowitz: War er für Sie der unnahbare und unberechenbare Maestro, zu dem Sie in einem Dienstverhältnis standen, oder war Ihr Verhältnis eher freundschaftlich?

F. M.: Mit den Jahren entwickelte sich ein Vertrauensverhältnis. Natürlich blieb er für mich der Maestro, dem ich auch wegen seiner Launen nicht zu nahe treten konnte. Eine Zeitlang wollte er mich in den engeren Kreis seiner Schach- und Poker-Freunde aufnehmen, aber das konnte ich glücklicherweise abwenden. Auch in musikalischen Urteilen hielt ich mich zurück. Zwar fragte mich Horowitz dann und wann, wie ich sein Spiel fand, doch ich wagte es nie, etwas anderes zu sagen als Lobendes. Wanda merkte das und hielt ihrem Mann vor: «Du weißt doch, daß Franz dich nie kritisieren würde! Also brauchst du ihn gar nicht zu fragen!» Das Ehepaar Horowitz war aber zu mir und zu meiner Frau Elisabeth immer sehr freundlich. Sie luden uns oft zu Parties ein.

B. R.: Er lud sich bei Ihnen ja selbst einmal zu einem Abendessen ein und gab dabei auch seine detaillierten Menüwünsche bekannt, wie Sie in Ihrem Buch «Große Pianisten ...» erzählen. Verkehrten Sie auch sonst privat mit Horowitz?

F. M.: Auf den Tourneen ergab es sich nicht anders. Da gehörte ich zu seinem engsten Kreis. Zwar vermied ich es, mit Horowitz im selben Flugzeug zu fliegen...

B. R.: Warum?

F. M.: Irgendwie war es mir auch da lieber, eine gewisse Distanz zu wahren. Ich war Horowitz ja sonst nahe genug. Ich wollte ihm zwar menschlich keineswegs aus dem Weg gehen. Ich betete täglich für ihn, er war mir also keineswegs gleichgültig! Ich betete, daß er den Glauben an Jesus Christus finden möge – und auch für sein Wohlergehen, was er übrigens sehr gut wußte. Wenn man den alten Mann nach dem Wunder seiner gelenkigen Finger fragte, sagte er sehr offen: «Der Franz, der betet jeden Tag für mich!» Ich ging also Horowitz nicht aus dem Weg. Nur wollte ich nicht immer in seiner unmittelbaren Nähe sein. Seine Gesellschaft war sehr anstrengend. Außerdem gehörte ich auf den Tourneen zum engsten Kreis seiner Begleiter. Manchmal war es aber fast einfacher und entspannter, mit Horowitz allein zusammenzusein. Das ergab sich vor allem bei ihm zu Hause. Wenn ich seinen Flügel gestimmt hatte, kam er meist herunter und setzte sich ans Instrument. Er sagte dann: «Ich spiele nur ein paar Töne, bevor ich mit Wanda zum Dinner ausgehe. Nur ein paar Töne.» Aber dann begann er und konnte sich nicht mehr losreißen, bis Wanda ungeduldig wurde. Es kam vor, daß er so ein bis zwei Stunden am Flügel saß.

B. R.: Was spielte er?

F. M.: Die verschiedensten Stücke, aber erstaunlich wenig aus seinem bekannten Repertoire. Über manche Stücke, die er öffentlich spielte, sagte er: «Ich spiele sie nur, weil das Publikum sie mag.» Andere hätte er dem Publikum niemals zugemutet. Aber trotzdem nahm er dann und wann ein weiteres Stück ins Repertoire auf, das dann sofort auch von anderen Pianisten aufgegriffen wurde und daraufhin eine allgemeine Renaissance erlebte. Ich denke etwa an die «Kreisleriana» oder an die «Humoreske» von Schumann. Einmal spielte er für sich die «Humoreske», und als ich ihn begeistert fragte, warum er sie nie öffentlich spielte, antwortete er: «Nein, Franz, das Stück ist viel zu lang! Das Publikum mag so etwas nicht.» Aber dann nahm er sie doch ins Programm auf. Das war sicher eine mutige Wahl, weil es nicht leicht ist, mit einem so langen Stück ein Publikum nicht zu langweilen.

B. R.: Er orientierte sich dabei ja am amerikanischen Publikum, das sicher andere Hörgewohnheiten hat als das europäische. Spielte er deswegen auch keine modernen Stücke?

F. M.: Mag sein. Sie haben recht: Das amerikanische Publikum ist konservativer als das europäische und liebt im allgemeinen auch keine Avantgarde. Das hat zum Beispiel der Dirigent und Komponist Pierre Boulez gespürt, dessen privaten Flügel ich übrigens auch stimmte. In Amerika konnte Pierre Boulez nie recht Fuß faßen. Horowitz nahm auf seine Zuhörer Rücksicht und spielte nur zu Hause moderne Kompositionen, jedoch keine avantgardistischen Stücke. Er liebte etwa die Stücke von Samuel Barber oder auch junger, eher unbekannter Komponisten. Mit Samuel Barber war er gut befreundet. Auch ich habe oft für ihn gestimmt; ebenso mein Sohn Peter, den er als Klaviertechniker immer wieder holen ließ. Barber gehörte zum engeren Kreis um Horowitz.

B. R.: Hat Wladimir Horowitz auch komponiert?

F. M.: Er hat vor allem improvisiert. Er war jedoch zu bequem, um niederzuschreiben, was er spielte. Zwar hatte er in jungen Jahren einmal einen Anlauf genommen, wie er mir einmal sagte, aber damit wieder aufgehört. Nein, er setzte sich einfach hin und improvisierte auf ganz geniale Weise. «Stars and Stripes» zum Beispiel habe ich in verschiedensten Fassungen gehört. Es ist schade, daß niemand außer Wanda und mir das hören konnte. Aber er war so bequem.

B. R.: Eine Frage zum Freundeskreis von Horowitz: Sie haben vorhin erwähnt, daß Sie mit Ihrer Frau zusammen oft zu Parties eingeladen waren. Was waren das für Einladungen, und wer war dabei?

F. M.: Das waren meist Geburtstagsfeiern für Wladimir oder Wanda. Wer dabei war? Das war sehr unterschiedlich. Es gab eigentlich nur einen kleinen Kreis von Freunden, die regelmäßig eingeladen wurden. Da waren zunächst einmal seine engsten Mitarbeiter, zu denen außer mir Richard Probst und sein Produzent Peter Gelb gehörten. Aber auch Leute wie Alice Tully. Sie war eine der reichsten Damen Amerikas und hat auch einen großen Konzertsaal in New York gesponsert, die «Alice-Tully-Hall». Auf einer Geburtstagsfeier von Horowitz unterhielt ich mich lange mit ihr. Zum Abschied nahm sie meine beiden Hände und sagte mit ihrer tiefen Stimme: «Herr Mohr, ich danke Ihnen vielmals, daß Sie so lange mit mir gesprochen haben!» Sie sagte es mit bewegter Stimme, und es war ihr sehr ernst. Es gab mir zu denken, daß diese schwerreiche Mäzenin offensichtlich so einsam war. – Regelmäßige Gäste waren auch Woody Allen und Mia Farrow. Erstaunlicherweise benahmen sie sich sehr zurückhaltend; sie wirkten wie scheue Rehe. Meistens standen sie in irgendeiner Ecke, hielten sich bei der Hand, und die anderen Gäste mußten auf sie zugehen, um ein Wort mit ihnen zu wechseln. Als ich auf Woody Allen zum ersten Mal zuging, sagte er: «Ich besitze übrigens Edith Schaeffers Buch ‹Forever Music›, in dem Sie auch vorkommen.»

B. R.: Es ist bekannt, daß Horowitz Filme liebte. War er auch mit anderen Schauspielern befreundet?

F. M.: Ja, mit einigen, aber vielleicht weniger bekannten. Zum Beispiel mit Frank Widmark und Kitty Carlyle. Zu seinem Kreis gehörten natürlich auch Leute aus der Musikszene wie die Pianisten Murray Perahia und Mordechai Shehori. Dieser israelische Pianist gehörte vor allem in den letzten Monaten seines Lebens zum Kreis seiner engsten Vertrauten. – Und dann sollte ich noch Harold Schönberg nennen, den großen Musikkritiker der New York Times, der später eine Horowitz-Biographie schrieb. Er war einer der ganz wenigen, die sehr lange mit Horowitz befreundet waren, ein halbes Leben lang. Die Freundschaft hielt auch deswegen, weil er Horowitz immer gute Kritiken gab. Er schrieb seine Kritiken übrigens immer gleich nach dem Konzert in der Redaktion, so daß sie schon am anderen Morgen erschienen. Heute ist er pensioniert. Er ist ein prima Kerl, der übrigens eine immense Schallplattensammlung besitzt. Einmal brachte ich einen ganzen Tag bei ihm zu, und wir hörten uns alte Schallplatten an: verkratzte Schellackplatten mit Aufnahmen von Rachmaninow, Josef Hofmann und all den alten Pianisten. Die Platten waren, wie gesagt, zum Teil furchtbar verkratzt, aber wenn man nur lange genug hinhörte, dann störte das überhaupt nicht mehr. Man konzentrierte sich dann so auf die Musik, daß sie zu leben begann wie auf einer neuen Platte oder CD. Harold Schönberg hat zwei Flügel zu Hause, einen Steinway und einen Baldwin, die ich immer wieder aufeinander abstimmen mußte. So war ich oft bei ihm zu Hause. Er war, wie ich schon erwähnt habe, ein guter und jahrzehntelanger Freund von Horowitz. Das war nicht selbstverständlich, weil selbst gute Freunde des Ehepaars Horowitz von einer Stunde auf die andere in Ungnade fallen konnten.

B. R.: Wer gehörte denn beispielsweise zu diesen Unglücklichen?

F. M.: Unter anderem James Levine, der Dirigent der Metropolitan Opera. Er war allerdings nicht ganz unschuldig an seinem Schicksal. Denn er mußte das ungeschriebene Gesetz gekannt haben, daß man bei Horowitz im Smoking und mit schwarzer Fliege zu erscheinen hatte. Und doch tauchte er an einer Einladung im Sweatshirt und mit einem Frotteetuch über der Schulter auf, als ob er gerade von einer Probe käme. Das Frotteetuch ist geradezu das Markenzeichen von James Levine, auf das er auch bei dieser Einladung nicht verzichten wollte. Das war natürlich sein Ende bei Horowitz. Er wurde nie mehr eingeladen. Ähnlich erging es David Dubal, dem Pianisten und Professor an der Julliard School of Music in New York. Er brachte einmal eine neue Freundin mit, die Horowitz nicht paßte. Danach wurde er nicht mehr eingeladen. Horowitz lud gerne Singles ein, Singles ohne Begleitung.

B. R.: Warum das?

F. M.: Das war ein Spleen. Vielleicht wollte er keine Leute um sich haben, die er noch nicht kannte. Ich muß aber noch davon sprechen, wie es einem Ehepaar erging, das über Jahre hinweg sehr eng mit Wanda und Wladimir Horowitz befreundet war: von der Pianistin Constanze Keen und ihrem Mann, dem langjährigen Chefproduzenten von WQXR, einem klassischen Rundfunksender in New York. Die Ehepaare Horowitz und Keen verband eine intensive Freundschaft. Sie gingen oft zusammen zum Dinner aus, nicht selten zweimal pro Woche. Ich sah die Keens häufig im Hause Horowitz und war deshalb sehr erstaunt, als sie über längere Zeit hinweg einfach nicht mehr auftauchten. Ich konnte weder Wanda noch Wladimir Horowitz danach fragen, aber offensichtlich hatte die Freundschaft ein sehr abruptes Ende genommen. Ich hatte keine Ahnung, was geschehen war. Ein paar Jahre später saßen Connie Keen und ich einmal nebeneinander in einem Konzert in der Carnegie Hall. Wir plauderten etwas, und da konnte ich es mir nicht verkneifen, sie zu fragen: «Hör mal, Connie, du und dein Mann, ihr wart doch praktisch die besten Freunde von Horowitz und seiner Frau. Ihr seid ja fast jede Woche miteinander zum Dinner ausgegangen. Was ist denn nur passiert, daß es mit eurer Freundschaft aus ist?» Was Connie darauf antwortete, hatte ich nicht erwartet. Sie sagte: «Ach Franz, das ist eine gute Frage. Wir wissen ja selbst nicht, was geschehen ist! Wir haben uns sehr lange den Kopf darüber zerbrochen, was wir wohl falsch gemacht haben. Denn wir bekamen von einem Tag auf den anderen einfach keinen Anruf mehr von Wanda und Wladimir. Und wenn wir einmal anriefen, war nur die Sekretärin für uns zu sprechen. Schließlich, als wir sie doch einmal ans Telefon bekamen, brachten sie nur fadenscheinige Ausreden hervor. Weil wir uns das alles nicht erklären konnten, rief ich einmal Sally Norwich an.» – Sally Norwich war eine gute Freundin des Ehepaars Horowitz. Sie war selbst einmal aus irgendeinem Grund in Ungnade gefallen, dann aber wieder in den Freundeskreis aufgenommen worden. Connie Keen erzählte mir also, daß sie sich an Sally wandte, um herauszufinden, weshalb die Horowitz' nichts mehr von ihnen wissen wollten. Aber auch diese wußte den Grund dafür nicht, versprach aber, einen geeigneten Moment abzupassen und Wanda danach zu fragen. Der günstige Moment kam, und Sally fragte sehr vorsichtig: «Warum kommen Herr und Frau Keen eigentlich nicht mehr zu Ihnen?» Wanda wußte sofort, was es mit der Frage auf sich hatte, und antwortete sehr trokken: «Du kannst den Keens ausrichten, daß sie nichts falsch gemacht haben. Wir haben uns nur einen anderen Freundeskreis aufgebaut.» – So launisch und unberechenbar konnten die beiden sein. Auch Hausangestellte hatten im allgemeinen einen unsicheren Stand. Die Chauffeure und die Köche wechselten häufig, und Horowitz verhielt sich auch gegenüber den Plattenfirmen nicht weniger unberechenbar. Er wechselte sie immer wieder. Nur *eine* Person blieb ihr Leben lang, das heißt bis heute, im Hause Horowitz: Juliane Lopez. Sie war als junges Mädchen in Mailand zu den Toscaninis gekommen, und als Arturo Toscanini die Leitung des New Yorker Rundfunkorchesters übernahm, war sie mit der Familie nach New York übersiedelt. Später wurde sie die Hausangestellte von Wanda und Wladimir Horowitz. Sie wohnte allerdings nie bei den Horowitz', sondern hat einen eigenen Haushalt und ist verheiratet. Heute, als ältere Dame, kümmert sie sich immer noch rührend um Wanda.

B. R.: Wladimir Horowitz blieb immerhin Steinway treu, anders als Glenn Gould.

F. M.: Ja, ein anderes Instrument rührte er nicht einmal an. Selbst um den Sohmer-Flügel, der bei uns zu Hause steht, machte er, als er uns besuchte, einen Bogen. «Franz, ich würde nie einen anderen Flügel spielen als Steinway», sagte er mehrere Male. Er gab ja auch kaum Konzerte auf einem anderen Flügel als seinem eigenen. Und die meisten Aufnahmen wurden auf dem fast legendären CD 314.503 gemacht. Nur für die berühmte Einspielung «The Last Recording» spielte er auf dem CD 443, den ich ihm empfohlen hatte und anstelle des Tournee-Flügels hinstellen ließ. Trotz seiner etwas schwerfälligen Spielart gefiel ihm der Flügel ausnehmend gut. Ich verbesserte ihn laufend, und zuletzt wollte ihn Horowitz sogar noch auf Tournee mitnehmen. Aber es kam nicht mehr dazu. Der CD 443 ist auch in den Filmaufnahmen von «The Last Romantic» zu sehen, und zwar aus einer besonders schönen Perspektive: von oben, von einem Gerüst aus, das man um den Flügel herum hochgezogen hatte. Wanda hatte sich zwar vehement mit einem Wutanfall gegen dieses Gerüst zu wehren versucht, aber nicht verhindern können, daß es aufgestellt wurde.

B. R.: Horowitz mußte ja zumindest, wenn er auf Tournee war, auf anderen Flügeln proben – wie in der japanischen Hotelsuite, von der Sie erzählt haben.

F. M.: Ja, das stimmt. Damals in Tokio nahm er mit einem Steinway-B-Flügel vorlieb. Aber immerhin war es ein amerikanischer, kein deutscher Steinway.

B. R.: Sie machen da einen Unterschied zwischen dem amerikanischen und dem deutschen Steinway. Darf ich spontan darauf eingehen: Worin liegt der Unterschied – außer, daß der deutsche Flügel glänzend und der amerikanische matt lackiert ist, was wohl kaum eine klangliche Veränderung bewirkt?

F. M.: Der Lack ist für die Tonqualität tatsächlich bedeutungslos. Da spielt schon eher das Holz eine Rolle. Der deutsche Steinway hat das, was wir einen «typisch europäischen» Klang nennen: Er kommt eher von der Oberfläche und nicht aus der Tiefe wie der amerikanische Flügel. Der Klang ist brillanter, klarer und vergleichsweise etwas weniger kräftig. Maurizio Pollinis Flügel ist ein deutscher. Ich stimme ihn immer brillanter als die amerikanischen Instrumente, aber doch nicht so extrem glasig, wie es manche europäische Pianisten wünschen. – Der englische Pianist Sir Clifford Curzon spielte ebenfalls, als ich ihn 1983 kennenlernte, auf einem Hamburger Steinway – auch auf seinen USA-Tourneen. Später verliebte er sich in einen amerikanischen Flügel, den CD 352. Er kaufte ihn und nahm ihn nach England mit. Ich setzte mich bei Steinway dafür ein, daß wir einige europäische Flügel in unserer Ausstellung im Keller haben und den europäischen Künstlern zur Verfügung stellen können. Horowitz liebte den deutschen Steinway nicht. Aber in Hotels mußte er, wie Sie zu Recht bemerkt haben, auf anderen Instrumenten üben. Für das Konzert hatte er jedoch immer seinen eigenen Konzertflügel dabei. Die Transportkosten und auch meine Reise- und Arbeitskosten gingen übrigens ausschließlich auf seine Rechnung. Es stimmt nicht, wie manchmal behauptet wurde, daß Steinway für die Kosten aufkam. – Nach dem Tod von Horowitz trat Frank Salomon, der Manager von Murray Perahia, an uns mit dem Vorschlag heran, für Murrays Karriere gemeinsam etwas zu unternehmen. Ich erinnere mich noch gut an jene Sitzung im Konferenzraum von Steinway, wo Frank Salomon das Wort ergriff und sagte: «Nun, da Horowitz tot ist, nimmt Murray Perahia seinen Platz als die Nummer Eins unter den Pianisten ein. Ich möchte gern, daß Ihr Steinway-Leute für ihn dasselbe tut, was Ihr für Horowitz getan habt. Perahia liebt den Flügel CD 120. Er möchte ihn gerne auf Reisen mitnehmen und von Franz als Techniker begleitet werden.» Wir verstanden den Wink, mußten Frank aber eröffnen, daß alle Kosten zu Lasten von Horowitz gegangen waren. Perahias Management rückte schnell von seinen Vorstellungen ab. Ich reiste nur ganz wenige Male mit Perahia; in Kalifornien stimmte ich für ihn bei ein paar Konzerten und Schallplattenaufnahmen. Oft hat Horowitz zu mir gesagt: «Wissen Sie, Franz, Sie sind sehr teuer!»

B. R.: Sie wurden also von Horowitz direkt bezahlt?

F. M.: Nein, das nicht. Ich arbeitete im Auftrag von Steinway. Ich bekam also für die Dienste bei Horowitz kein besonderes Gehalt. Aber immerhin schickte mir Horowitz zu Weihnachten jeweils eine Dankeskarte und einen Scheck mit einem stattlichen Betrag. Er zeigte sich da sehr großzügig.

B. R.: Verliefen die Transporte seines Flügels, die ja rund um die Welt führten, immer glatt?

F. M.: Zum Glück ja. Nur einmal war ich in großer Sorge, und zwar auf der erfolgreichen Rußland-Tournee 1986. Nach den beiden Konzerten in Moskau sollte der Flügel nach St. Petersburg, damals noch Leningrad, transportiert werden. Dazu stand ein alter, rostiger Laster zur Verfügung. Dieses Gefährt war alles andere als vertrauenserweckend und zudem zu kurz, so daß das Ende des Flügels hinten herausragte. Der Anblick des halb im Freien hängenden Flügels war schon besorgniserregend, aber glücklicherweise kam das Instrument heil an. – Da fällt mir aber ein, daß damals in Moskau ein anderes Instrument Probleme machte: der Steinway in der amerikanischen Botschaft, im sogenannten Spaso-Haus, wo Horowitz residierte. Dieser Flügel war kurz vor unserer Ankunft sabotiert worden. Es ist eine schier unglaubliche Geschichte: Der russische Pianist Wladimir Feltsman wollte schon seit langem aus der Sowjetunion ausreisen, aber das Visum wurde ihm von den Sowjetbehörden hartnäckig verweigert. Dafür lud ihn der amerikanische Botschafter Hartmann immer wieder zu einem Konzert ins Spaso-Haus ein. Das war den Sowjets natürlich ein Dorn im Auge. Und um ein solches Konzert zu verhindern, mußte jemand den Flügel sabotiert haben. Man hatte mich vor meiner Abreise telefonisch darüber benachrichtigt und mich gebeten, einige Baßsaiten mitzubringen. Ich traf den Flügel tatsächlich in desolatem Zustand an. Äußerlich war ihm zwar nichts anzusehen; es mußte aber ein Klaviertechniker am Werk gewesen sein, denn drei Baßsaiten waren so sorgfältig angeschnitten worden, daß sie während des Konzerts gerissen wären. Auch waren einzelne Schrauben so raffiniert gelockert worden, daß einzelne Töne nicht mehr klangen. Im Beisein eines FBI-Mannes untersuchte ich den Flügel und hielt den Schaden in einem ausführlichen Bericht fest.

B. R.: Wie war das überhaupt möglich: ein sowjetischer Sabotageakt in der amerikanischen Botschaft?!

F. M.: Auch mir war das zunächst völlig unverständlich. Allerdings pflegten die Amerikaner in sehr naiver Weise russische Kellnerinnen für den Party-Service einzustellen – «der guten Beziehungen» wegen, wie sie sagten. Eine seltsame Fahrlässigkeit, vor allem deshalb, weil die Beziehungen zwischen manchen Russinnen und einigen männlichen Botschaftsangestellten etwas zu gut wurden. Als dies später bekannt wurde, gab es in den USA einen Skandal. Es konnte demnach kein großes Problem gewesen sein, den Flügel im Spaso-Haus zu sabotieren. Wahrscheinlich hatte sich sogar eine Klaviertechnikerin als Kellnerin getarnt und den Sabotageakt verübt. Nun gut, ich stellte den Flügel wieder her, und Horowitz konnte darauf üben. Die Episode hatte übrigens noch eine schöne Nachgeschichte: Einige Jahre später bekam Wladimir Feltsman doch noch ein Ausreisevisum und besuchte mich oft bei Steinway in der 57. Straße in Manhattan.

B. R.: Ich möchte noch einige Fragen zu Horowitz stellen. Wie erlebten Sie seinen Tod?

F. M.: Er kam völlig überraschend. Denn bis zuletzt war Horowitz auf der Höhe seines Könnens. Es gab überhaupt keine Anzeichen seines nahen Endes. Wir machten sogar noch am Mittwoch vor seinem Tod die letzten Aufnahmen von «The Last Recording», und alles lief wunderbar. Horowitz fühlte sich völlig fit. Er spielte ausgezeichnet. Später am Abend saßen wir noch etwas beisammen und tranken eine Tasse Tee. In der Runde saßen der Produzent Tom Frost, der Techniker Tom Lazarus, der israelische Pianist Mordechai Shehori, der für Horowitz die Seiten umblätterte – und natürlich auch Wanda. Ich vergesse nie, wie Horowitz sich auf einmal mir zuwandte und begeistert von seinen neuen Plänen sprach. Er konnte sich begeistern wie ein kleines Kind. Er sagte ganz spontan: «Franz, wir gehen noch einmal auf Tournee! Wir gehen nach Rußland! Ich werde allerdings nicht in Moskau spielen, sondern in Leningrad. Auf derselben Reise werden wir noch je ein Konzert im Amsterdamer Concertgebouw, in Berlin und in Hamburg geben.» Dies waren alles Städte, in denen er große Erfolge gefeiert hatte und wo es Konzertsäle mit einer ausgezeichneten Akustik gab. Und er fügte hinzu: «Meine Finger laufen ausgezeichnet. Sie beten doch für mich, Franz?» Ich bejahte, denn ich betete wirklich jeden Tag für Horowitz. Ab und zu prüfte er mich und fragte nach, ob ich sonntags in der Kirche gewesen sei. Und ich muß gestehen, daß ich manchmal, wenn ich müde war und keine Lust hatte, zur Kirche zu gehen, allein deswegen hinging, weil ich wußte, daß Horowitz mich danach fragen würde. Dieses Gespräch fand also wenige Tage vor seinem Tod statt. Nein, er war bis zuletzt unternehmungsfreudig. Sein Tod traf uns alle wie ein Blitz aus heiterem Himmel. Er war einfach auf dem Sofa eingenickt, als er mit Wanda zum Essen gehen wollte. Ich fand auf dem Anrufbeantworter eine Nachricht und rief sogleich Wanda an, die mir mitteilte: «Franz, Horowitz ist tot.» Niemand hatte mit diesem plötzlichen Abschied gerechnet, Horowitz selbst am allerwenigsten.

3 Wanda Horowitz-Toscanini

B. R.: Ich möchte Sie gerne einige Dinge über Wanda Horowitz fragen. In Ihrem Buch «Große Pianisten...» äußern Sie sich über die Tochter von Arturo Toscanini sehr respektvoll. Andere, die Wanda ebenfalls kannten, sind da kritischer.

F. M.: Ich bin nicht unkritisch. Aber Sie sagen es selbst: Wir – meine Frau Elisabeth und ich – haben großen Respekt vor Wanda. Erstens hatte sie es nicht leicht neben einem solchen Mann, der ein Genie war, aber ein schwieriges Genie. Und zweitens hat sie immer wieder großen Mut gezeigt. Zum Beispiel bei jenem Gala-Diner in Moskau anläßlich der Rußland-Tournee von Horowitz, als sie ganz unerwartet aufstand, um eine kleine Rede zu halten, und rief: «Bitte Ruhe! Ich möchte, daß jeder von Ihnen es hört: Die Leute hier in der Sowjetunion haben nichts! Schon unter den Zaren hatten sie nichts, und jetzt haben sie noch viel weniger.» Das war sehr mutig von ihr – und peinlich für die Gastgeber, die der Kapelle schnell befahlen weiterzuspielen. Ihre Worte waren manchmal sehr hart und verletzend. Aber darin fand ich immer eine große Ehrlichkeit. Sie mochte keine Schönfärberei und hielt im Grunde nichts von all dem Glanz und Glimmer des Erfolgs. Mitten im tosenden Beifall nach einem Konzert konnte sie mir sagen: «Franz, wenn das alles ist: Ich möchte es nicht haben!»

B. R.: Wie verhielt sie sich denn gegenüber ihrem Mann?

F. M.: Wanda nahm auch Horowitz gegenüber kein Blatt vor den Mund. Eine kleine Episode mag dies verdeutlichen: Am Tag des Aufnahmebeginns für die CD, die später unter dem Titel «The Last Recording», «Die letzte Aufnahme», herauskommen sollte, das war etwa vier Wochen vor Horowitz' Tod, stimmte ich seinen Flügel. Als ich damit fertig war, kam Horowitz nicht wie üblich herunter, um mich zu begrüßen und sich ans Klavier zu setzen, sondern er rief mich in sein Schlafzimmer hinauf. Es war das erste Mal, daß ich im Schlafzimmer von Horowitz war. Da lag er nun in seinem Bett und begann sich mit mir zu unterhalten. Und wieder sagte er begeistert wie ein kleines Kind: «Franz! Franz! Stellen Sie sich vor, nun bin ich schon siebenundachtzig Jahre alt, und die Finger laufen wie bei einem jungen Mann!» Und um zu erklären, weshalb er immer noch im Bett lag, fügte er schnell hinzu: «Ich bin nicht krank! Ich bin nicht krank! Es ist letzte Nacht nur spät geworden!» Und mit gleichem Enthusiasmus fuhr er fort: «Sie werden sehen, wenn wir die Aufnahmen heute abend machen, wird alles sehr gut gehen!» Aber am Bettende stand Wanda und fügte ganz trocken hinzu: «Und bald wird das alles vorbei sein.» Daß sie nicht die Dreharbeiten meinte, war unmißverständlich klar. Ich fand die Bemerkung sehr verletzend. Horowitz schluckte nur und schwieg. Eigentlich war er ja in ausgezeichneter Verfassung, und es bestand gar kein unmittelbarer Grund für Wandas Bemerkung. Aber einige Tage später sollte sie recht bekommen.

B. R.: Diese schonungslose Art, Dinge zu sagen, trug wohl kaum zu einer harmonischen Ehe bei.

F. M.: Die beiden erlebten zusammen sicher gute Zeiten. Aber auch schwierige. Als mich Horowitz zum ersten Mal in sein Haus einführte, erklärte er: «Auf dieser Etage steht der Flügel. Da übe ich. Darüber habe ich mein Schlafzimmer. Und auf der Etage darüber, da wohnt Wanda. Und ganz oben ist das Arbeitszimmer unserer Sekretärin. Und ich sage Ihnen: Es ist am besten, wenn jeder auf seiner eigenen Etage bleibt!» – Dann und wann wurde man auch Zeuge einer heftigen Auseinandersetzung. Wenn Horowitz einen Wutanfall hatte, konnte Wanda ganz still werden. Aber oft geschah auch das Umgekehrte, daß sie einen Anfall hatte und er ganz schweigsam wurde. Dann sagte er zu mir: «Franz, das ist das italienische Temperament. Das hat sie von ihrem Vater.» – Ich vergesse auch nie eine kleine Begebenheit vor der Rußland-Tournee, bei der mir das spannungsvolle Verhältnis der beiden schlagartig klar wurde. Wenige Tage vor der Abreise fragte sie bei einer Probe im privaten Kreis: «Wolodja, du hast die C-moll-Sonate von Skrjabin, die du in Moskau spielen willst, ja noch gar nicht geübt.» Wladimir geriet von einer Sekunde auf die andere außer sich vor Wut schrie: «Natürlich kenne ich das Stück! Ich habe es in meinen Fingern! Ich hasse das Stück! Ich spiele es nur fürs Publikum!» Er nannte auch ein Datum, an dem er es vor Jahren einmal gespielt hatte. Dann drehte er sich zu uns um und befahl uns: «Setzt euch alle hin!» Und dann spielte er das Stück, diese wunderschöne Skrjabin-Sonate, mit vollendeter Meisterschaft. Als er sie beendet hatte, konnte keiner von uns etwas sagen. Wir waren alle tief beeindruckt. Wanda aber stand auf und ging zu Horowitz hinüber. Und so laut, daß wir alle es hören konnten, sagte sie: «Wolodja, du weißt: Für dich als Mensch habe ich nichts übrig. Aber als Pianist bist du ganz gut!»

B. R.: Im Video «The Last Romantic», dem filmischen Mitschnitt der «Last Recording», sieht man Wanda ja auch, wie sie ihren am Flügel improvisierenden Mann mit einem harschen «Stop it!» anfährt.

F. M.: Sie war unberechenbar, ganz ähnlich wie ihr Mann. Vielleicht aus einem gewissen Geltungsbedürfnis heraus.

B. R.: Was an der Seite eines Genies nicht verwunderlich wäre. Und zudem als Tochter des berühmtesten Dirigenten seiner Zeit! Sie selbst war ja auch keine Musikerin.

F. M.: Das ist es eben! Ich vergesse nie, was mir Wladimir Horowitz einmal über sie sagte: «Wissen Sie, was ich herausgefunden habe?» Er sagte es mit seinem humorvollen, spitzbübischen Grinsen. «Im Leben will jeder wichtig sein, selbst meine Wanda. Nun stellen Sie sich mal vor: Heute früh ist sie um fünf Uhr aufgestanden. So was hat sie vorher noch nie gemacht! Und warum? Nur weil sie zum Filmstudio ging. Woody Allen hat sie gebeten, eine jüdische Mama zu spielen. Sie muß nur einen einzigen Satz sagen: ‹Thank you for coming!› Stellen Sie sich vor, um in einem Woody-Allen-Film diese vier Worte sagen zu dürfen, ist sie heute so früh aufgestanden und zum Studio gegangen!» – Sicher steckte dahinter ein riesiges Geltungsbedürfnis. Ich erinnere mich an eine Szene im Weißen Haus, die das ebenfalls illustriert. Am Vortag eines Konzerts, zu dem Jimmy Carter – ein begeisterter Horowitz-Anhänger – geladen hatte, saßen wir um den CD 314.503 herum, auf dem Horowitz probte. Es hatte einige Probleme mit der Akustik gegeben. Der Saal war zu hallig gewesen, bis man vom Dachboden des Weißen Hauses dicke Teppiche hergeschleppt hatte. Nun saß Horowitz am Flügel und spielte. Unter den Zuhörern war natürlich auch Wanda. Da trat auf einmal Jimmy Carter herein. Er kam offensichtlich gerade vom Tennisspielen, denn er hatte noch ein Tuch um die Schulter und Turnschuhe an. Er ging zu Horowitz, begrüßte ihn und fragte, ob er etwas zuhören dürfe. «Aber bitte, Mr. President», sagte Horowitz, «setzen Sie sich nur dorthin.» Und er spielte weiter. So vergingen vielleicht zehn Minuten. Da öffnete sich die Tür wieder, und einer von Carters Beratern kam und flüsterte dem Präsidenten etwas ins Ohr. Wahrscheinlich war irgendein wichtiger Telefonanruf gekommen. Er stand auf, unterbrach Horowitz noch einmal und entschuldigte sich: «Es tut mir leid, Maestro, man ruft mich soeben heraus. Aber ich freue mich auf das Konzert morgen.» Und zugleich winkte er auch uns Zuhörern mit beiden Händen höflich zu und war schon auf dem Weg zur Tür. Da schrie plötzlich eine schrille Stimme: «Ist *das* der Präsident der Vereinigten Staaten? Dieser Mann hat ja keine Manieren!» Alles erschrak. Carter drehte sich verwundert um, wurde aber von seinen Beratern schnell zur Tür gedrängt. Wanda schrie weiter, indem sie sich von ihrem Sitz erhob: «Kümmert es ihn gar nicht, daß da auch eine *Frau* Horowitz ist?» Carter wurde durch die Tür geschubst, während wir Wanda in ihren Sessel zurückdrückten und sie mit allen Mitteln zu beschwichtigen suchten. Das Ganze war sehr peinlich. Am peinlichsten mußte es Carter gewesen sein. Jedenfalls nahm er sich die Lektion zu Herzen, denn am folgenden Tag, als man feierlich zum Konzert schritt, sah man Wanda statt Rosalynn am Arm des Präsidenten. Eine überglückliche Wanda mit Tränen in den Augen!

B. R.: Wie kamen Sie mit Wanda aus?

F. M.: Eigentlich nur gut. Sie war meiner Frau und mir immer freundschaftlich zugetan. Sie löste sogar nach dem Tod von Horowitz noch ein Versprechen ein und kam zur Hochzeit unserer Tochter Ellen. Wladimir hatte immer schalkhaft gesagt: «Franz, wir kommen dann beide zu *Ihrer* Hochzeit.» Und er hatte sich darauf gefreut. Nun, nach seinem Tod, erinnerte sich Wanda noch an das Versprechen und kam – allerdings ohne Geschenk. Sie hatte so viele Male danach gefragt, was sich das junge Paar wünschte, daß ich schon zu Ellen sagte: «Paß mal auf, wer so viele Male fragt, der schenkt am Schluß überhaupt nichts.» So war es dann auch. Aber es war immerhin großartig, daß sie da war. – Allerdings war ihr die Musik zu laut. Es waren etwa 200 Gäste da, die Unterhaltung wollten. Ich selbst mag es nicht, wenn man zu einer Hochzeit geht und die Band so laut ist, daß man sich kaum mit dem Tischnachbarn unterhalten kann. Wanda ging es wie mir. Sie winkte mich zu sich und fragte: «Franz, wie können Sie das nur aushalten? Sie sind doch Klavierstimmer! Wie können Sie nur so laute Musik ertragen?» Ich beruhigte sie: «Ich kann versuchen, mit den Musikern zu sprechen.» Und so ging ich hinüber zur Band und bat sie, doch etwas weniger laut zu spielen. Das ging auch für ein paar Minuten gut, bis die Phonstärke wieder zunahm und die Musik so laut war wie zuvor. Wanda winkte mich noch einmal zu ihrem Platz und sagte: «Franz, wie können Sie das denn aushalten? Mir macht es ja nichts aus. Aber ich mache mir Sorgen um Ihr Gehör als Klavierstimmer.» Ich ging wieder zur Band hinüber und sprach mit den Musikern. Aber eine Band will eben einfach gehört werden. Alle Bitten nützten nur für eine kurze Zeit. Wanda holte mich nicht mehr, sondern half sich nun selbst, indem sie ein Brötchen von einer kalten Platte fischte, den Teig herausklaubte und ihn zu zwei kleinen Kugeln formte, die sie sich in die Ohren stopfte. Das war typisch Wanda!

B. R.: Sie haben als bekennender Christ auch Wanda einige Male gesagt, woran Sie glauben. Tat sie auch den Glauben, wie so manches andere, als Schönfärberei ab?

F. M.: Ich glaube kaum, daß das der Grund war, wenn sie auf Glaubensfragen ablehnend reagierte. Vielleicht wollte sie über gewisse Dinge einfach nicht reden oder dachte, ihr Glaube genüge ihr. Aber andererseits ließ sie immer wieder durchblikken, daß sie sich nach mehr, nach einem festeren Halt und einem erfüllteren Leben sehnte. Sie zog mich sogar einige Male fast seelsorgerlich ins Vertrauen. So ließ sie mich eines Tages in ihr Schlafzimmer rufen, wo sie sehr weinte und Hilfe suchte. Ebenso am Sarg ihres Mannes. Ich erinnere mich, als wäre es gestern gewesen. Horowitz lag aufgebahrt in einem New Yorker Beerdigungsinstitut. Draußen standen die Menschen Schlange, um einen letzten Blick auf den großen Künstler zu werfen. Bevor das Tor geöffnet wurde, standen wir, das heißt einige seiner engsten Freunde, noch im Kreis um den Sarg

Franz Mohr bei der Feinarbeit am Steinway-Flügel.

Der Autor am Eingang zur Klavierfabrik Steinway & Sons in Queens/New York City.

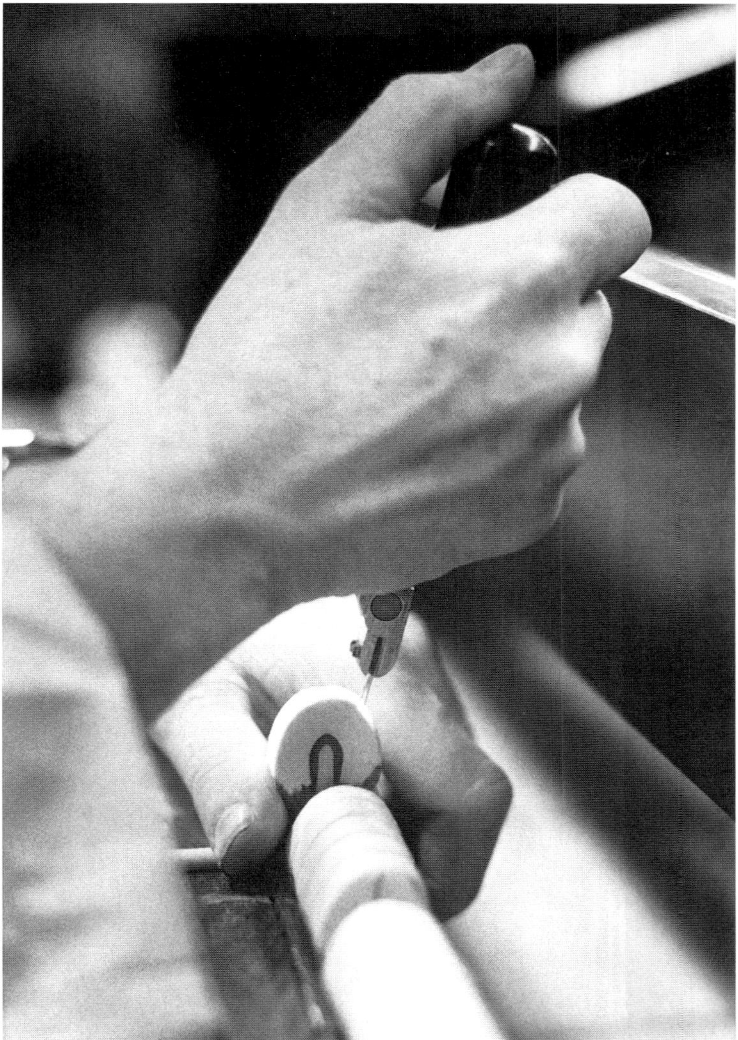

Wenn der Flügel hart wie ein Xylophon klingt, müssen in mühsamer Arbeit verhärtete Filzhämmer wieder weich gemacht werden. Diese Situation erlebte Franz Mohr zusammen mit Rudolf Serkin. (Vgl. Kap. 4)

Glenn Gould war der erste Pianist, für den Franz Mohr nach seiner Ankunft in New York arbeitete. Der übersensible Künstler durfte allerdings nie berührt werden... (Vgl. Kap. 1)

Glenn Gould, der Exzentriker, der normalerweise auch im Sommer einen dicken Wollschal um den Hals trug.

Bei Glenn Gould mußte der Flügel acht Zentimeter höher gestellt werden; die Stuhlbeine wurden verkürzt. Warum auf diesem Bild sein Kinn gestützt wird, konnte aber leider nicht herausgefunden werden.

Wenn während des Stimmens auch nur eine Saite reißt, kann es lebensgefährlich werden!

Konzertreise nach Tokio: Horowitz (links) wartet, bis Franz Mohr seine Arbeit beendet hat.

Franz Mohr setzt für Horowitz den Klavierstuhl auf die richtige Höhe.

Eine Party im Hause Horowitz zum 85. Geburtstag des Pianisten. Links oben: «Wolodja» und Wanda vor der Geburtstagstorte.

herum. Wir legten einander die Arme auf die Schultern und standen schweigend da, während im Hintergrund eine Schallplatte mit Musik von Horowitz lief. Einige der engsten Freunde von Horowitz waren da. Auch Pavarotti, der nachher noch lange blieb und sich viele Male bekreuzigte. Wanda weinte und fragte mich auf einmal intensiv über Gott aus. Sie wollte wissen, ob Gott uns vergibt, und ich erklärte ihr, daß Gott alle Sünden vergibt, wenn wir ihn nur darum bitten. Nein, sie war an den Fragen des Glaubens eigentlich zutiefst interessiert. Heute übrigens mehr denn je.

B. R.: Sie haben in jüngster Zeit wieder Kontakt mit Wanda aufgenommen. Können Sie davon etwas erzählen?

F. M.: Da sind Sie selbst nicht unbeteiligt gewesen – Sie und Ihre Frau und unsere gemeinsame Freundin Johanna Nüesch aus der Schweiz. Ich erinnere mich noch gut an unser Gespräch bei Ihrem Besuch auf Long Island. Sie haben mich damals nach dem Kontakt zu Wanda gefragt und mich ermutigt, ihn wieder aufzunehmen. Ich muß gestehen, daß ich in diesem Moment nicht so recht daran glaubte, daß daraus etwas werden könnte, und Sie erinnern sich sicher an meine Vorbehalte: Erstens wußte ich nicht, ob Wanda überhaupt noch ab und zu in ihrem New Yorker Haus wohnte. Das Ehepaar Horowitz hatte nämlich auch einen Landsitz in Connecticut, auf dem Wanda ihren Lebensabend verbrachte, wie ich meinte. Und zweitens hatte ich gehört, daß es Wanda sehr schlecht ginge. Trotzdem habe ich mein Versprechen gehalten und im Herbst 1995 ein kleines Briefchen geschickt – etwa mit folgendem Inhalt: Meine Frau Elisabeth und ich wüßten gerne, wie es ihr gehe. Wir würden häufig für sie beten und wären sehr froh, von ihr zu hören. – Bald darauf kam ein Telefonanruf von Wanda. Sie sagte, unsere Zeilen hätten sie sehr gefreut, und sie lud mich zu einem Besuch ein. Ich betete viel für diesen Besuch. Als ich hinkam, dauerte es eine ganze Weile, bis sie erschien. Sie war im Bett gewesen. Juliane, die immer noch bei ihr ist, half ihr, aufzustehen. Als wir uns begrüßt hatten, sagte sie als erstes: «Franz, ich habe überhaupt kein Interesse mehr an der Musik. Ich höre mir praktisch nichts mehr an.» Das hatte ich mir gedacht. Seit dem Tod von Wladimir Horowitz war es sehr still um Wanda geworden. Was von ihrem Mann noch blieb, waren die Erinnerung an die glanzvollen Zeiten und seine in Gips gegossenen Hände, die auf dem Flügel lagen. Sonst war aus dem Hause Horowitz das einstige Leben verschwunden, und auch die alten Freunde blieben weg. Wanda sprach mich dann – ich kann das hier nur andeuten – noch einmal sehr eindringlich auf das Thema Schuld und Vergebung an. So öffnete ich die Bibel, die ich bei mir hatte. Ich erinnerte sie an unser leises Gespräch, damals vor dem Sarg von Horowitz, und auch daran, daß ich sie auf Gottes Vergebung hingewiesen hatte. Denn Gott vergibt gerne, wenn wir mit unserer Schuld zu ihm kommen! – Seit jenem Gespräch hatte ich keine Gelegenheit mehr gehabt, mit ihr über den Glauben zu reden. Ich hatte zwar noch ihren Flügel gestimmt, aber nie mehr an das Thema Glaube anknüpfen können. Nun konnte ich es, und sie erinnerte sich gut daran. Ich zeigte ihr, indem ich einige Bibelverse aufschlug, daß Jesus für unsere Sünden gestorben ist, weil er uns liebt und uns das ewige Leben schenken will, das schon hier als neues Leben mit Gott beginnt. Denn wer an Jesus glaubt, weiß: Wenn er stirbt und die Augen schließt, wird er sie im selben Moment in Gottes Welt wieder öffnen und vor allem zu Hause beim Vater sein, der ihn nicht verurteilen wird. Wanda fragte: «Aber Franz, was muß ich denn tun, damit dies geschieht?» Ich sagte: «Ich werde Ihnen gern dabei helfen.» Und ich bot ihr an, mit ihr zu beten. Ich betete langsam und schlug ihr vor, mir nachzusprechen. Für manche, die zum ersten Mal beten und darin unsicher sind, ist das eine echte Hilfe. So betete ich, und sie sprach mir mit lauter, starker Stimme nach: «Herr Jesus, ich bin ein sündiger Mensch. Ich bereue meine Sünde, die ich getan habe. Jesus, ich nehme dich als meinen Herrn und Erlöser an. Du bist für meine

Sünden gestorben. Bitte, komm in mein Leben und reinige mich von aller Schuld durch dein kostbares Blut. Ich danke dir dafür.» – Wenn ich dieses Gebet hier so genau wiedergebe, möchte ich damit auch zum Ausdruck bringen, daß ich wünschte, daß sich noch viel mehr Menschen so radikal und mutig wie Wanda Horowitz ihrer Schuld vor Gott stellen, sie bekennen und die Vergebung durch Jesus Christus annehmen. – Als wir fertig waren, fragte ich sie: «Glauben Sie denn von Herzen, was wir gebetet haben?» Wanda bejahte. Ich gab ihr eine schöne, in rotes Leder gebundene Bibel mit großer Druckschrift und ermutigte sie, täglich darin zu lesen, am besten zuerst im Johannesevangelium, und die darin enthaltenen Verheißungen Gottes für unser Leben zu unterstreichen. Denn wie wir täglich zu unserem leiblichen Wohl Nahrung brauchen, so dürfen wir zu unserem seelischen und geistlichen Wohl die Speise des Wortes Gottes in uns aufnehmen. Ich erklärte ihr dies. Juliane, die während unseres ganzen Gesprächs dabeigewesen war und sich ebenfalls sehr beeindruckt zeigte, versprach, Wanda aus der Bibel vorzulesen – für den Fall, daß dieser das Lesen schwerfallen würde. Eine Woche später besuchte ich Wanda ein zweites Mal, und wir besprachen manche Fragen, die ihr bei der Bibellektüre gekommen waren. Kurz darauf rief sie wieder an und dankte voller Freude: «Franz, ich bin so dankbar für alles, was Sie für mich getan haben. Sie müssen wissen, daß ich auch tue, was Sie gesagt haben: Ich lese nun die Bibel, ich präge mir die Verheißungen Gottes ein und danke ihm dafür.» So bin ich sehr froh über diese neue Beziehung zu Wanda. Ihre Hinwendung zum Glauben zeigte mir wieder einmal, daß im Leben selbst der reichsten Menschen und erfolgreichsten Musiker eine Zeit kommt, wo sie sich auf die Ewigkeit besinnen. Wenn wir kein lebendiges Verhältnis zu Gott haben, bleibt uns letztendlich ja gar nichts.

4 Rudolf Serkin

B. R.: Ich würde gern auf einen weiteren großen Pianisten zu sprechen kommen, für den Sie lange gearbeitet haben: Rudolf Serkin. Wann haben Sie zum ersten Mal für ihn gestimmt?

F. M.: Rudolf Serkin war einer der ersten, für den ich bei Steinway tätig war. 1962 waren wir nach Amerika gekommen, und es muß in diesem oder im darauffolgenden Jahr gewesen sein, als ich für ihn zu arbeiten begann. Ich vergesse den Tag nie, als mich Bill Hupfer in die 30. Straße schickte, zum berühmten Studio von Columbia Records, wo Serkin Plattenaufnahmen machte. Durch unglückliche Umstände kam ich zu spät. Ich hatte zwar bereits am frühen Morgen den Flügel in Ordnung gebracht, doch dann war ich noch einmal zu meinem Arbeitsplatz bei Steinway in die 57. Straße zurückgegangen und wollte nun wieder rechtzeitig bei Columbia sein. Ich war etwas nervös bei dem Gedanken, diesem großen Künstler zu begegnen. Aber als ich endlich bei Steinway losfuhr, gab es so dichten Verkehr, daß ich kaum vom Fleck kam. Ich verspätete mich hoffnungslos! Endlich erreichte ich das Studiogebäude. Ich eilte durch die Gänge in den Aufnahmesaal. Dummerweise übersah ich dabei völlig die rote Lampe vor der Tür. Wenn sie aufleuchtet, heißt das ja: «Stop, Aufnahme!» So stürzte ich einfach hinein. Im selben Moment traf mich fast der Schlag, weil die Aufnahmen in vollem Gang waren. Voller Angst wollte ich mich auf dem Absatz umdrehen und wieder hinauslaufen. Aber da kam mir zum ersten Mal die vornehme und so bescheidene Art von

Rudolf Serkin entgegen. Er sah den erschrockenen jungen Mann an der Tür und sagte in sehr freundlichem Ton: «Machen Sie sich nur nichts draus. Das ist nicht schlimm. Wir fangen wieder von vorne an.» Das war typisch Serkin! Er war einer der demütigsten Menschen, dem ich je begegnet bin. Ich habe immer gesagt, wenn Demut uns in den Himmel bringen würde, dann wäre Rudolf Serkin der erste, der dort ankommt.

B. R.: Ich erinnere mich gut an eines seiner Konzerte. Man hatte den Eindruck, der Applaus sei ihm peinlich.

F. M.: Er war ungeheuer menschenscheu. Bei einem Konzert im Weißen Haus, zu dem Ronald Reagan geladen hatte, nahm er mich, als wir nach dem Diner zum Konzertsaal hinüberschritten, beiseite und sagte leise: «Franz, ich fühle mich hier überhaupt nicht wohl. Ich wäre viel lieber zu Hause in Vermont.» Er hatte ein wunderbares Haus in Vermont. Darüber muß ich später noch erzählen. – Ihre Beobachtung ist richtig: Auch auf dem Konzertpodium wirkte er sehr scheu.

B. R.: Und trotzdem zog er sich nicht von öffentlichen Auftritten zurück wie Gould oder über Jahrzehnte hinweg auch Horowitz.

F. M.: Nein. Der Grund für seine scheue Art lag auch nicht darin, daß er nicht gerne Konzerte gegeben hätte. Er ging nur so in der Musik auf, daß er das Publikum vergaß. Hinter der Bühne dauerte es immer einige Minuten, bis er in die Wirklichkeit zurückfand. Übrigens, als ich ihm damals im Studio zum ersten Mal begegnete, sagte er zu mir: «Franz, ich habe von dir gehört. Ich bin froh, daß du für mich arbeitest. Für dich bin ich der Rudi.» Ich muß sagen, daß mir das doch ungeheuer schwerfiel: eine solche Größe mit Vornamen anzureden! Für mich war er der Maestro. Aber immer wieder betonte er: «Franz, für dich heiße ich Rudi.» So schickte ich mich darein. Später, mit den Jahren, fiel es mir natürlich leichter, ihn beim Vornamen zu nennen. – Manchmal, das gehörte zu seinem genialen Wesen, war er auch recht zerstreut. Eine köstliche Episode ereignete sich ebenfalls in meiner ersten Zeit mit Serkin. Damals machte er Schallplattenaufnahmen im Mesonic-Temple in Philadelphia. Ich glaube, er spielte eines der Klavierkonzerte von Brahms ein. In einer Aufnahmepause sagte er: «Franz, wir haben noch etwas Zeit. Bitte tu mir den Gefallen und begleite mich zur Academy of Music. Wir haben dort einen neuen Flügel von Steinway, und ich bin nicht ganz zufrieden damit. Weißt du, einige Töne tragen nicht genug, und vielleicht kannst du durch die Intonation etwas verbessern.» Er sagte, es sei gar nicht weit bis dahin und wir könnten bequem zu Fuß gehen. Rudolf Serkin war damals der Präsident des Curtis Institute of Music in Philadelphia. Er hatte in der Stadt auch eine Wohnung, in der Lancis Street. Ich besuchte ihn oft dort, um an seinem Flügel zu arbeiten. Also, er kannte Philadelphia gut. Ich hingegen war zum ersten Mal in der Stadt und mußte mich ganz auf seine Ortskenntnisse verlassen. Seitdem bin ich jedoch sehr oft ich Philadelphia gewesen und weiß, wie leicht die Academy of Music vom Mesonic-Temple aus zu finden ist: einfach geradeaus, am Capitol vorbei. Während wir also losgingen und Rudi davon sprach, daß wir eigentlich nur ein paar Schritte zu gehen brauchten, verlor er mehr und mehr die Orientierung. Schließlich blieb er stehen und sagte verzweifelt: «Jetzt weiß ich überhaupt nicht mehr, wo wir sind. Ich glaube, wir müssen ein Taxi nehmen.» Und so rief er ein Taxi herbei, wir stiegen ein, und Serkin bat den Fahrer: «Bringen Sie uns zur Academy of Music.» Da drehte sich dieser um und sagte: «Sind Sie denn verrückt? Das ist ja dort drüben! Nur gerade zwei Blocks weit! Das lohnt sich doch nicht.» Rudi Serkin wurde ein bißchen ungehalten und sagte kurz: «Das spielt überhaupt keine Rolle! Bringen Sie uns nur dorthin!» So fuhren wir die paar Schritte mit dem Taxi. Rudi Serkin war immer irgendwie in den Wolken.

B. R.: Ich kann mir vorstellen, daß sich Ihre Beziehung zu ihm ganz anders gestaltete als die zu Horowitz.

F. M.: Ja, in der Gegenwart von Serkin konnte man viel entspannter sein, ähnlich wie bei Glenn Gould. Wir wurden gute Freunde. Ich war oft zwei, drei Tage bei ihm zu Hause in Vermont, und da lernten wir einander besser kennen und diskutierten oft stundenlang. Ich muß noch etwas über sein Haus erzählen: Als Serkin nach dem Krieg nach Amerika kam, kaufte er oben auf einem Berg in Vermont, in der Nähe von Brattleboro, ein altes, abgelegenes Bauernhaus. Er sagte immer, Steinway hätte ihm bei der Finanzierung geholfen. Er hatte drei Konzertflügel dort stehen, die Steinway gehörten, und ich mußte etwa viermal jährlich daran arbeiten. Er sagte immer wieder in seiner höflichen Art: «Franz, vielen Dank, daß du immer hier heraufkommst, um meine Flügel in Ordnung zu halten. Ich schätze es sehr, daß du deswegen deine Arbeit in New York zurückläßt.» Ich antwortete dann jeweils: «Hör mal, Rudi: Ich bin ja so froh, daß ich New York, dieses Bienenhaus, ab und zu hinter mir lassen kann, und ich freue mich jedesmal sehr darauf, hierherzukommen. Für mich ist das die reinste Erholung!» Das Haus war ganz abgelegen und von der Umwelt abgeschnitten. Man mußte in der Nähe von Brattleboro zu der kleinen Ortschaft Guilford fahren, die eigentlich nur aus ein paar Häusern bestand. Dann ging es noch ungefähr dreizehn Kilometer hoch – an Bergflüssen und Wasserfällen vorbei. Sein Haus stand ganz einsam auf einer Hügelkuppe. Es bot eine wunderbare Aussicht über die Berge von Vermont. Zum Haus gehörten etwa 500 Hektar Ackerland. Keine Menschenseele verirrte sich dort hinauf. Die Türen waren nie abgeschlossen. Wenn Besuch erwartet wurde, konnte man das Auto schon von weitem heraufkommen sehen, denn die Straße verläßt ein gutes Stück vor dem Anwesen den Wald und führt über freies Feld. Im Winter wurde die Straße natürlich nicht unterhalten, und ich hatte immer meine liebe Mühe, das Haus zu erreichen. – Einmal bat ich meinen Sohn Michael, mich zu begleiten. Trotz Schneeketten blieben wir aber stecken. Der Wagen glitt zurück, und dann wurde es gefährlich: In einer Kurve rutschten wir über die Straße hinaus. Plötzlich hingen wir, von einem nur armdicken Baum zurückgehalten, über dem steilen Abgrund. Unten rauschte der Wildbach. Es war eine furchtbar heikle Situation. Oben wartete Rudolf Serkin auf uns. Er wartete sehr lange und wurde allmählich besorgt. Sonst war ich immer sehr pünktlich gewesen. Schließlich kam er uns mit seinem Jeep mit Vierradantrieb entgegen und sah uns da hängen. Mit einer Seilwinde befreite er uns aus unserer mißlichen Lage. – Ein andermal blieb ich auf der letzten Wegstrecke vor seinem Haus in einer Schneewehe stecken. Wieder kam mir Rudi entgegen, diesmal mit Schaufeln. Er begann mich herauszubuddeln. Ich bat ihn: «Rudi, bitte laß das! Ich mache das schon allein.» Aber er wollte mir unbedingt helfen, und mit vereinten Kräften schaufelten wir das Auto frei.

B. R.: Hatten Sie nicht einmal auf dem Weg nach Vermont einen Autounfall?

F. M.: Ja, das geschah, als ich mich einmal an einem Sonntagvormittag gleich nach dem Gottesdienst nach Vermont aufmachte, wo ich einige Tage bleiben wollte. Es war Winter, und die Straßen waren stellenweise vereist. Zuerst hatte ich mich mit den Eltern von Gary, dem Verlobten unserer Ellen, zum Essen verabredet. Aber auf der Autobahn begann der Wagen plötzlich zu rutschen, und ich konnte ihn nicht mehr unter Kontrolle bekommen. Plötzlich tauchten Felsen vor mir auf. Wie Augenzeugen später berichteten, überschlug sich der Wagen mehrere Male, bevor er auf den Rädern zum Stillstand kam. Die Fenster waren zerborsten. Was noch ganz blieb, war die Brille über meiner Brust – und glücklicherweise ich selbst. Meine Rettung war, daß ich angeschnallt gewesen war. Ich stand unter Schock und muß in diesem Zustand laut Gott gelobt haben, wie mir ein junger Mann sagte, der angerannt kam. Statt nach Vermont kam ich ins Krankenhaus, konnte aber bald wieder entlassen werden.

B. R.: Wenn man das Foto Ihres zertrümmerten Wagens sieht, ein echtes Wunder! Was ich Sie zu Rudolf Serkin fragen wollte: Weshalb brauchte er drei Flügel in seinem Haus?

F. M.: Er spielte dort Aufnahmen ein, vor allem auf dem Flügel in seinem Studio. Die Bedingungen dafür waren ideal. Das Studio war ein ehemaliger Stall neben dem Hauptgebäude, den er wunderbar ausgebaut hatte. Den Dachboden hatte er durchbrechen lassen, und über eine Wendeltreppe erreichte man die Galerie mit einer großen Bibliothek. Die ganze vordere Hausfront bestand aus einem einzigen, riesigen Fenster. Es war wunderbar, dort am Flügel zu arbeiten und den Blick durch die Fensterfront über die Berge schweifen zu lassen. Das Studio war ganz aus Fichtenholz und hatte etwas von einer großen Kapelle. Die Akustik war natürlich einmalig. Columbia brachte jeweils die Aufnahmegeräte hinauf. Die anderen Flügel standen in Nebengebäuden. Den einen nahm er jeweils auf seine Tourneen mit.

B. R.: Waren Sie nach Serkins Tod im Jahr 1991 je wieder einmal dort?

F. M.: Nein. Die Flügel kamen zurück zu Steinway. Allein Serkins Frau Irene wohnt noch dort oben. Darum komme ich nicht mehr hin.

B. R.: Haben Sie noch Kontakt zu Irene Serkin?

F. M.: Auch das muß ich verneinen. Irene lebt sehr zurückgezogen. Sie ist gebrechlich geworden und mittlerweile an den Rollstuhl gebunden. Sie wird aber gut betreut. Soviel ich weiß, spielt sie noch jeden Tag stundenlang Geige. Sie ist ja die Tochter des großen Geigers Adolf Busch, dessen Streichquartett weltberühmt war. Serkin begleitete einmal Adolf Busch am Klavier und lernte dabei dessen junge Tochter kennen. Das war in der Schweiz, wo Adolf Busch mit seiner Familie wohnte.

B. R.: Wie gut kannten Sie Irene?

F. M.: Natürlich wurde ich da oben vom Ehepaar Serkin gut umsorgt. Auch Irene war sehr freundlich zu mir. Die meiste Zeit verbrachte ich allerdings mit ihrem Mann. Zwar kam Irene dann und wann zu den Konzerten, und da hatte ich ebenfalls Gelegenheit, sie kennenzulernen. Aber sie blieb auch oft zu Hause. Sie war, wie gesagt, immer sehr freundlich. Die beiden führten, soweit ich das abschätzen konnte, eine sehr harmonische Ehe.

B. R.: Konnten Sie mit Rudolf Serkin auch über Glaubensfragen reden?

F. M.: Es gehörte zu seiner scheuen Persönlichkeit, daß er immer zurückhaltend war, wenn ich etwas über den Glauben sagte. Aber mit der Zeit konnte er aus sich herausgehen. Einmal zeigte er mir seine Sammlung von Bibelübersetzungen: Er besaß eine Menge Übersetzungen in verschiedenen Sprachen! Auch erzählte er mir, daß er viele gläubige Freunde hatte, die ihm schon viel geholfen hatten. Er sprach auch von einem Trappistenmönch, mit dem er in enger Verbindung stand. Ich weiß den Namen nicht mehr, aber jedenfalls besaß er viele Bücher von ihm.

B. R.: Meinen Sie vielleicht Thomas Merton? Er war Trappist und ein vielgelesener christlicher Autor.

F. M.: Schon möglich. Ich weiß es nicht. Jedenfalls suchte dieser Mann nach einem wilden Leben ein Kloster auf. Er setzte sich mit der Heiligen Schrift auseinander, gewann einen tiefen Glauben und schrieb sehr offen darüber. Rudolf Serkin sagte mir einmal: «Dieser Mann hat mir ungeheuer viel geholfen.» Ein anderes Mal machte ich in einem Gespräch die Bemerkung: «Ist es nicht wunderbar, daß wir durch den Glauben die Gewißheit haben, daß wir eines Tages zum Herrn gehen und mit ihm im ewigen Leben sein werden?» – Rudolf Serkin antwortete: «Franz, das ist eine Gewißheit, die ich selbst ganz tief in meinem Herzen habe. Ich rede nur nie davon.» Rudolf Serkin war auch sehr angetan von Edith Schaeffers Büchern; sie ist ja die Frau des bekannten christlichen Autors Francis Schaeffer. Ich hatte Serkin einmal das Buch «Forever Music» von Edith Schaeffer gegeben, das übrigens in manche Sprachen übersetzt wurde, unter anderem ins Japanische und ins Spanische. Darin wird die Frage nach dem Ursprung der Musik aufgeworfen, und Edith Schaeffer behandelt die Frage aus christlicher Sicht. Das Buch hat mir selbst viel geholfen.

B. R.: Es gibt darin ja auch zwei Kapitel über Sie.

F. M.: Ja, über meine Hinwendung zum christlichen Glauben, über mein Leben und über meine Verbindung zur Musik. Rudolf Serkin liebte das Buch, und er wollte Edith Schaeffer unbedingt persönlich kennenlernen. Einmal, nach einem Konzert, habe ich sie einander vorgestellt, und Serkin wollte den Kontakt weiterpflegen. Er sagte oft zu mir: «Ich habe so viele Fragen; Fragen, die du mir wohl nicht beantworten kannst. Ich möchte sie aber Edith Schaeffer stellen.» Er leitete dieses Treffen bereits in die Wege und stellte uns, das heißt Edith, meiner Frau und mir für den Sommer 1991 im Musikstädtchen Marlborough ein Häuschen in Aussicht. Dort sollten wir uns mit ihm treffen und über Dinge sprechen können, die ihn bewegten und die Ewigkeitswert haben. Aber leider war er damals schon sehr krank. Er mußte Konzerte absagen, und so kam es nicht mehr dazu.

B. R.: Sie haben soeben Marlborough in Vermont erwähnt...

F. M.: Ja, Rudolf Serkin hat jeden Sommer viele Musiker dorthin eingeladen. Das Dorf liegt ganz in der Nähe von Serkins Wohnort. In der Musikwelt ist es sehr bekannt, denn der bekannte Cellist Pablo Casals und viele andere prominente Künstler verbrachten dort den Sommer und musizierten. In vielen Häusern standen in den Sommermonaten Steinway-Flügel. Wir brachten jedesmal über zwanzig Instrumente hinauf. In diesem kleinen Flecken wurde dann nach Herzenslust musiziert, und es gab zahlreiche Konzerte.

B. R.: Sie haben aber die Flügel nicht gestimmt.

F. M.: Nein, das war Franz Schärer aus Basel. Er kam mit seiner Frau zusammen jahrelang jeden Sommer nach Marlborough im Auftrag von Rudolf Serkin, der das Ganze organisierte. Er war es, der die Flügel stimmte und unterhielt. Aber leider begegnete ich Franz Schärer damals nie – aus dem einfachen Grund, weil ich immer nur in Serkins Haus war, das ungefähr zehn bis zwölf Meilen davon entfernt in den Bergen liegt. Rudolf Serkin erzählte mir allerdings immer wieder von seinem Stimmer aus der Schweiz. Er sagte: «Franz, das ist der beste, den ich für Marlborough habe. Ich kenne ihn schon lange, seit meiner Zeit in der Schweiz. Er bringt ja immer seine Frau mit, und ich gebe ihnen ein Haus hier oben. Es macht ihm große Freude, die Flügel in Ordnung zu halten und den Sommer da oben zu verbringen.» Franz Schärer habe ich also dort nicht getroffen. Ich habe ihn erst Jahre später kennengelernt, und zwar im April 1994 anläßlich meiner Vortragsreise durch Deutschland und die Schweiz. Franz Schärer kam zu meinem Vortrag im Basler Münstersaal. Ich glaube, er freute sich sehr.

Natürlich ließ ich ihn während meines Vortrags aufstehen, stellte ihn dem Publikum vor und gab meiner Wertschätzung Ausdruck. Ich erzählte, wie beliebt er bei Rudolf Serkin gewesen war und daß sein Ruf auch zu den anderen Steinway-Leuten nach New York gedrungen war, weil die Flügel immer in tadellosem Zustand zurückkamen. Seit er sich zur Ruhe gesetzt hat und andere Techniker die Flügel in Marlborough betreuen (denn der Musiksommer existiert auch nach Serkins Tod weiter), kommen die Steinways nie mehr so gut gestimmt zurück wie zu Franz Schärers Zeiten – sehr zum Bedauern der Steinway-Leute.

B. R.: Hatte Rudolf Serkin ähnliche Ansprüche an Sie und die Beschaffenheit der Flügel wie Glenn Gould oder Wladimir Horowitz?

F. M.: Nein. Er brauchte keinen so extrem leichten Anschlag wie die beiden anderen. Er war auch in der Auswahl der Flügel recht unkompliziert, weil er sehr genau wußte, was er brauchte. Ich stelle das bei großen Künstlern immer wieder fest: Sie haben eine klare Vorstellung, welcher Flügel für sie der beste ist. Das war natürlich auch bei Gould und Horowitz der Fall. Auch bei Artur Rubinstein, für den ich einmal im «Steinway-Basement», der Flügel-Ausstellung im New Yorker Steinway-Sitz, vier Flügel bereitstellte. Er mußte sich für seine anstehende Tournee ein Instrument aussuchen. Rubinstein kam und setzte sich an einen der vier Flügel und begann zu spielen. Schon bei den ersten Takten hellte sich sein Gesicht auf, und freudig überrascht rief er: «Franz, das ist genau der richtige Flügel. Den nehme ich!» Und ganz ungeduldig wie ein kleines Kind fragte er: «Wohin gehen wir als nächstes auf Tournee?» Ich gab die gewünschte Auskunft und sagte: «Maestro, wir gehen zuerst nach Boston und ins Kennedy-Center nach Washington.» Aber dann lenkte ich wieder zurück auf die Flügel und sagte: «Maestro, hier sind ja noch die drei anderen Instrumente. Bitte probieren Sie sie doch aus!» Er ging aber gar nicht darauf ein.

Er sagte bloß: «Wenn ich mich in ein Instrument verliebe, dann brauche ich nicht mehr weiterzusuchen.» – Bei Wilhelm Kempff war es übrigens genauso. Ich vergesse nie, wie ich zum ersten Mal in New York für ihn stimmte. Ich hatte schon in Deutschland für ihn gearbeitet und kannte seine Wünsche gut. Nun stellte ich in New York ebenfalls einige Flügel zur Auswahl bereit. Er kam, setzte sich an den ersten – und es geschah genau das gleiche wie bei Rubinstein. Er verliebte sich in das erstbeste Instrument und rührte die anderen gar nicht mehr an.

B. R.: Wahrscheinlich hätte er sich auch in die anderen «auf den ersten Ton» verliebt, weil alle Flügel einander ähnlich waren, oder? Sie trafen Ihre Vorauswahl der Instrumente wahrscheinlich sowieso nach dem Geschmack des jeweiligen Pianisten.

F. M.: Ja, das stimmt. Was ich aber noch nachschicken möchte: Es hat mich oft traurig gemacht, wie umgekehrt manche anderen Künstler bei der Auswahl der Instrumente ungeheuer unsicher sind. Vor einem Auftritt ist zwar jeder Pianist etwas unsicher, weil das unmittelbar bevorstehende Konzert ja das wichtigste und bedeutendste seiner ganzen Laufbahn ist! Aber wenn sich diese Nervosität auch auf die Wahl des Flügels überträgt, wird es sehr unangenehm. Und teuer dazu!

B. R.: Teuer? Weshalb?

F. M.: Steinway verrechnet neben der Miete auch den Transport der Flügel zum Konzertsaal. Es konnte vorkommen, daß sich ein Künstler nicht für ein Instrument entscheiden konnte und mich bat: «Könnte ich nicht den einen Flügel für den ersten Programmteil nehmen und den zweiten nach der Pause?» Ich sagte dann immer: «Das sieht wirklich nicht gut aus, weder für Sie noch für Steinway, wenn Sie für ein Konzert zwei Flügel brauchen.» Meistens passiert so etwas aber nicht. Die großen Künstler wissen sehr genau, was sie wollen. So auch Rudolf

Serkin. Wenn er sich einen neuen Flügel aussuchte (er suchte sich immer einen neuen aus, wenn die Hämmer abgespielt waren), dann blieb er ihm jahrelang treu.

B. R.: Aber bei abgespielten Hämmern braucht man eigentlich keinen neuen Flügel zu kaufen...

F. M.: So war er nun mal. Ganz gleich, wie sehr er den Flügel mochte, er wollte niemals auf einem überholten Instrument spielen. Er fing dann mit einem neuen Flügel an. Einmal sagte er mir: «Ganz gleich, wie gut du als Techniker bist: Wenn man neue Hämmer einsetzt, verändert sich der Flügel, und es dauert eine Weile, bis er wieder eingespielt ist.» In einem gewissen Sinne hatte er schon recht. Ich kann mich daran erinnern, daß der letzte Flügel, den er brauchte, die Nr. 169 war. Das Auswahlverfahren war dasselbe gewesen wie immer bei Rudolf Serkin. Er wählte ganz selbständig aus und brauchte mich nicht. Wir gingen zusammen in die Steinway-Fabrik...

B. R.: ... das heißt also: nicht in die «Steinway-Hall» in Manhattan, wo sich die Konzertabteilung und auch Ihr Arbeitsplatz befinden, sondern in die Fabrik, die im Stadtteil Queens liegt.

F. M.: Genau. Dort gibt es ebenfalls einen Ausstellungssaal mit etwa einem Dutzend Konzertflügel. Rudolf Serkin brachte stundenlang damit zu, einen nach dem andern zu testen. Mittags besuchten wir ein deutsches Restaurant, das «Astoria» in der Nähe der Fabrik. Am Nachmittag ging es so weiter wie am Vormittag. Und schließlich, am Abend, war Serkin hundertprozentig sicher, den richtigen Flügel gefunden zu haben. Ich erinnere mich gut: Der Steinway Nr. 169 war ein brandneuer Flügel. Er wurde sofort von der Fabrik weg nach Boston gebracht, wo Serkin das 4. Klavierkonzert von Beethoven unter Ossawa einspielte. Nun muß ich aber sagen, daß es bei einem neuen Flügel eine ganze Weile dauert, bis sich alles setzt, insbesondere die Stimmung. Darum hatte ich große Bedenken. Natürlich sagt man einem Künstler nie etwas davon, um ihn nicht nervös zu machen. So nutzte ich jede freie Minute, um in Boston an dem neuen Flügel zu arbeiten. Zwischen den einzelnen Aufnahmen, wenn die Musiker herumstanden oder Kaffee tranken, machte ich mich schnell an die Arbeit. Irgendwie schaffte ich es. Denn niemand beschwerte sich: «Franz, da ist ein Ton verstimmt!» – oder so.

B. R.: Was taten Sie? Stimmten Sie den Flügel jeweils nach?

F. M.: Ja, weil er eben die Stimmung noch nicht halten konnte, denn die neuen Saiten dehnten sich noch. Bei einer Aufnahme ist das eine nervenaufreibende Sache. Ich betone das immer, wenn jemand einen neuen Flügel kauft: Es dauert ein ganzes Jahr, bis sich alles setzt. Das Instrument sollte im ersten Jahr nicht nur einmal, sondern mehrere Male gestimmt werden. Und nicht nur gestimmt, sondern auch reguliert und intoniert.

B. R.: Worin lag dann der Vorteil, wenn sich Serkin jeweils einen neuen Flügel kaufte?

F. M.: Das Einspielen machte ihm nichts aus. Was ihn vielmehr störte, war der anfänglich veränderte Klang bei einem überholten Flügel. Bei einem neuen Flügel kann ein Pianist von Anfang an mit seinem Idealklang arbeiten, obwohl man ihn immer wieder intonieren muß. Das sind Feinheiten, die nur ein gewiefter Pianist kennt. – Aber lassen Sie mich noch einige Erlebnisse erzählen, die ich mit Rudolf Serkins Flügeln machte. Als er einmal in San Franzisko spielen sollte, bat er mich: «Franz, ich habe in diesem Jahr nur ein einziges Konzert an der Westküste. Es ist einfach zu teuer, wenn ich meinen Flügel für diesen einen Abend von New York dorthin transportieren lasse. Ich muß also auf einem Flügel von dort spielen. Darum ist es wichtig, daß du mitkommst und den Flügel, den ich in San Franzisko aussuchen werde, herrichtest.» Ich versprach es. Allerdings würde ich erst einen Tag vor dem Konzert hinreisen können. Aber Serkin würde früh genug dort sein, um das richtige Instrument auszuwählen und es in den Konzertsaal transportieren zu lassen. Aber leider war dem nicht so. Durch irgendwelche Umstände schaffte auch er es nicht, früh genug nach San Franzisko zu fliegen. Er mußte also mit dem Flügel vorlieb nehmen, der im Konzerthaus stand. Und ausgerechnet dieser Flügel war in einem sehr schlechten Zustand! Rudi war ungeheuer nervös: «Franz, ich kann nur diesen einen Flügel haben, aber jemand hat ihn total versaut. Trotzdem will ich mir keine Sorgen machen. Du wirst die Sache schon in Ordnung bringen. Der Flügel klingt nämlich wie ein Xylophon. Es ist ganz furchtbar!» Als ich zu dem besagten Instrument kam, merkte ich sofort, daß einer unserer Techniker es sehr großzügig mit Lack behandelt hatte. Damit ein Flügel brillanter klingt, kann man nämlich den Filz der Hämmer mit farblosem Lack etwas härten. Man muß bei dieser Methode jedoch äußerst vorsichtig sein und darf den Lack nur tropfenweise auf die Hämmer träufeln. Dieser Techniker war viel zu weit gegangen. Die Hämmer waren hart wie Holz, und der Flügel klang wirklich wie ein Xylophon. Es war unbeschreiblich... Ich beruhigte Rudolf Serkin und sagte: «Gib mir ein paar Stunden.» Sonst war der Flügel gut reguliert, das war kein Problem. Aber der Klang war schrecklich. Ich konnte nichts anderes tun als versuchen, mit einer Nadel das verhärtete Filzgewebe etwas auseinanderzureißen und aufzulockern. Nach stundenlanger Arbeit gelang es mir einigermaßen. So konnte ich dem Flügel einen weicheren, besseren Ton zurückgeben. Rudolf Serkin war überglücklich.

B. R.: Wenn ich noch einmal zu der technischen Frage zurückkehren darf: Stimmt es, daß vor allem zweitrangige Klaviertechniker die Hämmer mit Lack behandeln, um den Ton brillanter zu machen?

F. M.: Es liegt nicht nur an den Klaviertechnikern, sondern auch an den zweitrangigen Pianisten, die das wünschen. Ein brillanter Klang macht mehr Eindruck, meinen sie. Manchmal muß man weichgewordene, etwas ausgefranste Hämmer tatsächlich mit etwas Lack behandeln, wie ich schon gesagt habe. Aber glücklicherweise konnte ich diesen Flügel in San Franzisko noch in Ordnung bringen, und es wurde ein gutes Konzert. Ich glaube, der Anlaß war das Jubiläum zum 100jährigen Bestehen einer Konzertgesellschaft. Vorher gab es ein Gala-Diner, und man hatte draußen Festzelte aufgestellt. Es war ein wunderbarer Abend. Allerdings erlebte ich kurz vor Konzertbeginn noch eine zweite Aufregung: Wenn ich in einer anderen Stadt bin, fahre ich meist mit einem Mietwagen etwas umher, um mich zu entspannen. Am Nachmittag vor dem Konzert fuhr ich zum Hafen von San Franzisko. Es gibt dort sehr schöne Geschäfte und gute Restaurants – ganz zu schweigen von dem wunderbaren Ausblick auf die Bucht und die Golden Gate Bridge. Ich genoß den freien Nachmittag nach der harten Arbeit in vollen Zügen. Ich schlenderte den Kai entlang und beobachtete, wie sich soeben ein großes Segelboot anschickte, in See zu stechen. Auf der Landungsbrücke davor bot ein Plakat mit großer, verlockender Schrift ein paar Stunden Segeln an, für nur fünfzig Dollar. Ich überschlug, wieviel Zeit mir noch zur Verfügung stand, und beschloß, mir dieses besondere Vergnügen nicht entgehen zu lassen! Um 17 Uhr würde man wieder im Hafen ankommen. Das würde ganz gut reichen, um zum Konzertsaal zu fahren und den Flügel noch einmal nachzustimmen. Ich sprach mit dem Kapitän darüber, und er versprach mir, pünktlich zurückzukehren. Wer schon einmal in der Bucht von San Franzisko gesegelt ist, weiß, wie ungeheuer stark dort der Wind ist. Wir kamen sehr schnell voran. Wir segelten und segelten. An Bord waren vielleicht ein Dutzend Leute, die Mannschaft mit eingerechnet. Es war ein einmaliges Erlebnis. Wir mußten uns immer von der einen Seite auf die andere hinüberbewegen, wenn die Segel gewechselt wurden, und das Wasser stieg dann über das Deck. – Allerdings trat ein, was ich insgeheim befürchtet hatte: Wir kamen nicht rechtzeitig zurück. Statt 17 Uhr war es 18.30 Uhr, und das Konzert begann um 20 Uhr. Ich war ziemlich nervös. Zum Glück war der Flügel in gutem Zustand, denn ich hatte ihn ja gestimmt und intoniert. Meinen Abendanzug hatte ich bereits im Auto, und es würde gerade noch reichen, ihn in einer Umkleidekabine hinter der Bühne anzuziehen. – Als ich die Konzerthalle erreichte, kam mir Rudi Serkin sehr aufgeregt entgegen: «Franz, wo bleibst du denn? Ich bin mit dem Flügel zufrieden, aber da ist ein G in der Mitte, das du noch etwas intonieren mußt. Das ist alles, aber ich bin froh, daß du da bist!» Nun kamen die Leute schon in den Saal. Ich eilte hinaus, setzte mich an den Flügel und nahm die Mechanik auf den Schoß, um das G zu intonieren. Als ich die Mechanik wieder in den Flügel zurückschob, übersah ich, daß ein Hammer emporstand. Natürlich brach er beim Zurückschieben entzwei, und die Stücke fielen hinunter, irgendwo in das Innere des Flügels hinein... Wie schon vorhin gesagt, hüte ich mich, den Künstlern solche Probleme mitzuteilen. Der Klaviertechniker muß sie unbedingt für sich behalten. Das Problem war aber lösbar. Ich hatte einen Ersatz-Hammerstiel dabei, und so brauchte ich nur den Hammerkopf vom kaputten Hammerstiel zu lösen. Dummerweise war ich nervös und zitterte, als ich den Hammerkopf an den neuen Stiel leimte. In wenigen Minuten würde ja das Konzert beginnen. Wenn sich nun der Leim nicht genügend setzte, oder wenn sich durch den dauernden Anschlag der Hammerkopf noch bewegte, vielleicht zur Seite wegbrach und auch den benachbarten Hammerkopf auf seine Reise mitnahm...? Ich hatte furchtbare Angst, daß etwas schiefgehen würde. Aber schließlich ging alles gut. Der Leim setzte sich in kürzester Zeit, und der Hammer war auch nach dem Konzert noch an seinem Platz. Solche Dinge sind nervenaufreibend, aber nicht immer zu vermeiden. – Ein ähnliches Mißgeschick hatte ich schon ein paar Jahre zuvor in Los Angeles gehabt, anläßlich eines Soloabends von Rudolf Serkin.

Im Weißen Haus: Horowitz läßt sich von Präsident Jimmy Carter bei der Probe unterbrechen. Da griff Wanda ein... (Vgl. Kap. 3)

Beschützend legt Horowitz den Arm um die Präsidentengattin ... (Vgl. Kap. 7, gegen Ende).

Präsident Ronald Reagan, seine Frau Nancy und Horowitz.

Eine Frau, die es nicht leicht hatte: Wanda Horowitz-Toscanini.

Der Geiger Isaac Stern zu Besuch bei Horowitz.

Gast James Levine hielt sich im Hause Horowitz nicht an die Etikette, konnte nicht auf sein Frotteetuch verzichten. Dies hatte Folgen … (Vgl. Kap. 2)

Der Geiger Isaac Stern im Gespräch mit Horowitz.

Dreharbeiten zu einem Fernsehfilm über Franz Mohr im Frühjahr 1996. Hier steht das Team des Bayerischen Fernsehens vor dem Haus der Horowitz' in Manhattan. Ganz rechts: Franz Mohr als angeheuerter Tontechniker!

Himmlische Vision eines Cartoonisten: «Schnell! ... Horowitz kommt! Weg mit der Harfe, bringt den Steinway!»

Bei den Dreharbeiten zum Horowitz-Film «The Last Romantic» (1985) sitzt Franz Mohr am berühmten Horowitz-Flügel CD 314.503.

Franz Mohr mit seinem Werkzeugkoffer.

Klavierstimmen ist stundenlange Feinarbeit – die Franz Mohr jahrelang mit extremen Kopfschmerzen verrichten mußte (vgl. Kapitel «Franz Mohr, ganz privat»).

Rudolf Serkin

Ich hatte es dummerweise unterlassen, den Flügel vor dem Konzert von unten bis oben zu kontrollieren. Es handelte sich um Serkins eigenen Flügel, der offensichtlich nicht ganz fachgemäß hingestellt worden war, denn die Lyra befand sich nicht am rechten Platz.

B. R.: Die Lyra, die an der Unterseite des Flügels aufgehängt ist und die Pedale trägt?

F. M.: Ja, und eigentlich sorgt ein Wirbel dafür, daß diese Lyra richtig sitzt. Aber aus irgendeinem Grund war dies nicht der Fall. Es war ein grober Fehler, daß ich nicht auch die Lyra überprüfte. Rudolf Serkin ging, wie schon vorhin gesagt, in seinem Spiel ganz auf und entwickelte ein ungeheures Temperament. Wenn er in Fahrt kam, konnte er mit dem rechten Fuß das Pedal sehr heftig attackieren. Und nun geschah es, daß sich die Lyra auf einmal aus der lockeren Verankerung löste und auf die Bühne donnerte. Die Leute hielten den Atem an. Serkin mußte unterbrechen, denn ohne Pedale kann man ja nicht Klavier spielen. Es war natürlich ein Fiasko, und ich fühlte mich sehr lausig. Eine Lyra darf einfach nicht wegbrechen. Sie kann, wenn man sie richtig befestigt, auch gar nicht herunterkommen. Bei einem Steinway ist die Lyra ein besonderer Schmuck und sehr stabil. Sie hat zwei Stützen und kann nur mit vereinten Kräften in die Verankerung geschoben werden. Darum mußten zwei Bühnenarbeiter kommen und mir helfen. Das Problem war bald behoben. Aber ich schämte mich sehr. Rudolf Serkin war jedoch eine so vornehme Persönlichkeit, daß er nicht den leisesten Vorwurf machte, sondern sich im Gegenteil bedankte: «Franz, es ist so gut, daß du da warst und alles in Ordnung gebracht hast!»

B. R.: Gab es noch andere Pannen?

F. M.: Nein, zum Glück nicht! Aber auch wenn es welche gegeben hätte: Rudolf Serkin wäre niemals wütend auf mich gewesen. Diese Bescheidenheit zeichnete ihn aus. Aber sie war nicht nur positiv. Denn gezielte Kritik erleichtert mir die Arbeit. Alfred Brendel, von dem ich später noch erzählen sollte, war das pure Gegenteil und der Schreck aller Klavierstimmer, weil er alles kritisierte. Ich war jedoch sehr froh darüber und eher unglücklich über Rudolf Serkins vornehme Zurückhaltung in diesem Punkt. Er äußerte kaum jemals Zweifel an der Mechanik eines Flügels. Darum mußte ich ihn immer wieder ermutigen: «Rudi, sag mir doch bitte, wenn dir am Flügel etwas nicht gefällt! Wir müssen unbedingt zusammenarbeiten! Du weißt doch, ich als Klaviertechniker habe nicht denselben gleichmäßigen Anschlag wie du!» – Und das stimmt auch: Ein Klaviertechniker kann niemals so gut merken wie ein Pianist, ob alle Töne gleich scharf sind. Er kann das Klavier zwar perfekt stimmen, doch er hat, wie gesagt, einfach nicht denselben gleichmäßigen Anschlag wie ein Pianist. Ich habe darum immer mit den Künstlern zusammengearbeitet und bin zuweilen auch in die Proben gegangen, um mir einen Eindruck über den Zustand des Flügels zu machen. Nachher konnte ich dann noch einmal ans Werk gehen und die Töne regulieren. Rudolf Serkin war aber so bescheiden, daß er allerhöchstens sagte: «Franz, es scheint, daß an diesem Ton etwas nicht stimmt. Aber das kann eigentlich gar nicht am Flügel liegen. Du hast ihn ja kontrolliert. Ich bin sicher, daß das an meinem Anschlag liegt.» Ich widersprach ihm natürlich: «Nein, nein! Bitte sag mir nur, was dir nicht gefällt. Ich werde dann untersuchen, was daran nicht in Ordnung ist.» – Ich vermisse Rudolf Serkin sehr. Ihn als Persönlichkeit wie auch seine Musik. Er war ein großer Künstler, ein absoluter Vollblutmusiker, der ganz in seiner Kunst aufging. Vor allem war er ein großer Beethoven-Interpret. Dr. Karl Haas, ein guter Musikkritiker, sagte mir einmal: «Niemand kann so Beethoven spielen wie Rudolf Serkin. Er ist der einzige.» In einem seiner letzten Konzerte spielte er zwei der großen Beethoven-Sonaten. Die Leute applaudierten wie wild und sprangen von den Sitzen auf. Sie wollten nicht aufhören und unbedingt noch eine Zugabe haben. Aber Rudolf Serkin sagte hinter der Bühne nur: «Franz, jetzt spiele ich nichts weiteres mehr. Was soll man denn nach Beethoven noch spielen?!»

5 Von Arrau bis Zimerman

B. R.: Herr Mohr, wenn ich richtig verstehe, haben Sie für einige der ganz großen Pianisten wie Rubinstein, Gould und Horowitz über Jahre hinweg gearbeitet, während Sie für andere eher sporadisch gestimmt haben.

F. M.: Das ist richtig. Steinway hat mich als Nachfolger von Bill Hupfer für die ganz Großen arbeiten lassen. Einem Horowitz kann man ja nicht wechselnde Stimmer zumuten. Ich habe aber immer, auch während meiner Horowitz-Jahre, für viele andere gearbeitet. Ich war also keineswegs nur der persönliche Stimmer von ein paar einzelnen Pianisten, sondern ich stimmte gleichzeitig für Konzerte und Aufnahmen anderer Künstler. Ich wurde von vielen Musikern nach Hause gebeten, um für sie zu stimmen. Darunter waren natürlich vor allem Pianisten, aber auch andere Musiker wie Pierre Boulez, der Pariser Dirigent und Komponist, der für einige Jahre in New York lebte. Und natürlich stimmte ich auch oft für Privatpersonen.

B. R.: Diese Privatpersonen waren wohl nur Superreiche, die sich den Chef-Konzerttechniker von Steinway leisten konnten.

F. M.: Ja, es waren praktisch alle sehr reich. Wobei es Reiche und Reiche gibt, und damit meine ich: Längst nicht alle sind snobistisch und harte Kapitalisten, wie man oft meint. Meine Frau und ich sind zum Beispiel gut befreundet mit einem sehr reichen Ehepaar. Er ist einer der reichsten Männer Manhattans. Wir waren einmal bei ihnen abends zu einem Diner eingeladen. Sie leben in der Dachwohnung eines Wolkenkratzers neben dem Central Park und haben dort oben auch einen eigenen Swimmingpool. Die Aussicht über Manhattan ist phantastisch! – Und diese Freunde mußten irgendwie gemerkt haben, daß uns ihr Reichtum doch sehr erstaunte. Da sagte der Mann: «Wißt ihr, das alles gehört nicht mir, sondern Gott.» Er sagte das nicht nur so salopp daher, sondern er meinte es ernst. Es gibt sehr reiche Christen, die Hilfswerke und christliche Organisationen äußerst großzügig unterstützen.

B. R.: Wenn wir noch kurz bei diesen Privatpersonen bleiben wollen, bevor wir wieder über die Musiker reden: Für welche Leute haben Sie gestimmt?

F. M.: Da waren viele, die Sie nicht kennen dürften. Darunter viele Juden in New York und auf Long Island, wo ich wohne. Ich liebe die Juden und auch Israel. Ich muß später noch etwas über meine Israelreise und meine Beziehungen zu den Juden sagen. – Für wen ich sonst noch gestimmt habe? Nun, einer der bekanntesten ist Ali Khan. Er ist der superreiche Sohn von Aga Khan und hat Rita Hayworth geheiratet. Ich begegnete Ali Khan nicht in Amerika, sondern bei einem der Konzerte von Horowitz im Théâtre des Champs Elysées. Als wir nach dem Konzert im Künstlerzimmer zusammenstanden – Ali Khan war ebenfalls dazugestoßen –, zeigte Horowitz plötzlich mit dem Finger auf ihn und fragte laut: «Do you play the piano?» – «Spielen Sie Klavier?» – «Ja», sagte Ali Khan höflich, «ich bin damit großgeworden wie so viele Leute. Aber ich habe leider ein Instrument, das niemand reparieren kann. Ich habe viele Techniker damit beauftragt, aber keiner hat bisher Erfolg gehabt.» Horowitz zeigte ohne zu zögern auf mich und erklärte: «Das ist Franz. Er ist der einzige, der das kann. In den nächsten beiden Wochen spiele ich nicht, und Franz muß darum nicht unbedingt nach New York zurück. Er soll zu Ihnen nach Genf kommen und den Flügel reparieren. Aber Sie müssen ihn gut bezahlen!» So kam es, daß ich von Paris nach Genf flog, wo Ali Khan eine phantastische, riesige Villa auf einem wunderschönen Grundstück direkt am Genfer See besaß. Dort nahm ich mich des Flügels an. Ich brauchte eine ganze Woche, um ihn wiederherzustellen. Er war stark malträtiert worden, aber es lohnte sich, ihn wieder in Ordnung zu bringen. Es war ein guter amerikanischer Steinway aus New York. – Ali Khan war fast während der ganzen Zeit auf Reisen und schaute nur gelegentlich herein. Er erkundigte sich dann interessiert nach dem Stand der Dinge und unterhielt sich sehr freundlich mit mir. Sonst war im Haus nur noch der Koch mit seiner Frau, der mich mit seinen Künsten verwöhnte. Ich konnte völlig ungestört arbeiten. Nur einmal kam plötzlich eine Gruppe Männer herein, die herumspionierten und das Zimmer und offensichtlich das ganze Haus bis in den hintersten Winkel untersuchten. Einer trat zu mir und fragte: «Wie lange sind Sie heute noch hier?» Ich hatte keine Ahnung, was da vor sich ging, aber ich gab getreulich Auskunft: «Ich habe noch den ganzen Tag zu tun.» Er sagte: «Das ist ausgeschlossen. Um zwei Uhr müssen Sie draußen sein. Mr. Reagan, Mr. Gorbatschow und Mr. Schewardnadse kommen heute nachmittag mit ihren Ehefrauen zum Tee. Da darf kein Fremder im Haus sein.» – Ich erfuhr, daß in Genf gerade ein Gipfeltreffen stattfand und daß diese Männer FBI-Leute waren. So mußte ich zusammenpakken und konnte erst am nächsten Morgen wieder weitermachen. Nach einer Woche war ich mit meiner Arbeit fertig. Der Flügel wurde sehr gut. Ali Khan war überglücklich und meinte, der Steinway sei nun wieder im selben Zustand wie bei seinem Kauf in New York.

B. R.: Sie haben einmal in einem Gespräch von dem Hobby-Musiker Albert Einstein gesprochen. Nur erinnere ich mich nicht mehr daran, ob Sie ihn kennengelernt oder gar für ihn gestimmt haben.

F. M.: Weder – noch. Ich glaube, Einstein starb in den fünfziger Jahren, also vor meiner Ankunft in den USA. Aber ich habe für Franz Rupp gearbeitet, den deutschen Pianisten, der während des Dritten Reiches wegen seiner jüdischen Frau in die USA ausgewandert und hier auch berühmt geworden ist. Er war ein geschätzter Begleiter großer Solisten und ein persönlicher Freund von Albert Einstein, von dem er mir erzählte. Daran mögen Sie sich erinnert haben. Albert Einstein spielte gerne Geige und wollte, daß ihn Franz Rupp begleitete. Dieser empfand dabei jedoch wenig Freude, weil Einstein auf der Geige ein richtiger Kratzer war.

B. R.: Noch einmal zu Ihren eigenen Kunden: Haben Sie heute noch Aufträge von privater Seite?

F. M.: Nein, ich stimme sozusagen nie in privatem Auftrag. Früher tat ich das sehr oft und wurde immer sehr gut behandelt und geradezu verwöhnt. So gut, daß es manchmal zuviel des Guten war. Ich erinnere mich an eine Dame, die mir ständig Kaffee brachte und mich nötigte, eine zweite, dritte und sogar eine vierte Tasse zu trinken. Ich bin kein großer Kaffeetrinker, und in meiner Verzweiflung wußte ich mir nicht anders zu helfen, als Tasse um Tasse in den Philodendron hinter dem Flügel zu gießen. Ich weiß nicht, ob die Pflanze das überstanden hat. Aber eines weiß ich: *Ich* hätte es nicht überstanden. – Ich habe viele köstliche Erlebnisse bei Privatleuten gemacht. Bei einer anderen Dame hängte ich meine Jacke an den Flügel, und zwar an die herausklappbare kleinste Deckelstütze. Als die Dame das sah, rief sie entzückt aus: «Nein, sowas! Daß Steinway selbst an solche Dinge denkt und einen Haken für die Jacke einbaut!» – Nun, um Ihre Frage zu beantworten: Ich nehme private Aufträge heute nur noch in Ausnahmefällen an. Erstens war ich früher fast immer im Auftrag von Steinway bei Privatpersonen. Und zweitens gibt es keinen Grund, weshalb eine Privatperson keinen anderen Stimmer bestellen sollte. Es gibt so viele sehr gute Stimmer, die Ausgezeichnetes leisten. Auf meinen Vortragsreisen werde ich immer wieder von Steinway-Besitzern gebeten, ihren Flügel gegen gute Bezahlung zu stimmen. Ich gehe nie darauf ein und verweise immer auf die Stimmer vor Ort.

B. R.: Das zeugt von Loyalität Ihren Kollegen gegenüber. Aber Ihr Assistent hat einmal gesagt, er habe ganze sechs Monate gebraucht, bis er einen Flügel zu Ihrer Zufriedenheit stimmen konnte. Und wenn Sie sagen, es gebe ebenso gute Stimmer, andererseits aber Pianisten rühmen, Sie seien der beste Klaviertechniker der Welt, so steht hier ja sozusagen Aussage gegen Aussage...

F. M.: *Ich* habe niemals gesagt, ich sei der beste Klaviertechniker. Ich habe lediglich das Glück gehabt, bei Steinway zu arbeiten und ungeheuer wertvolle Erfahrungen zu sammeln, und zwar in allen Bereichen der Klaviertechnik, die sich ja nicht nur auf das Stimmen beschränkt. Aber ich bleibe dabei: Es gibt heute zahlreiche ausgezeichnete Stimmer, die ich mit gutem Gewissen empfehle.

B. R.: Sicher ist es auch ein Unterschied, ob man für eine Privatperson oder für ein Konzert stimmt. Ein Konzertstimmer hat mir einmal geklagt, viele Pianisten würden so stark auf die Tasten hämmern, daß sich das Instrument schnell wieder verstimmt. Ich habe auch erlebt, wie Stimmer in einer Konzertpause am Flügel arbeiten. Warum das? Haben sie nicht sorgfältig genug gearbeitet?

F. M.: Stimmer, die in der Konzertpause arbeiten, sind nicht schlecht; das heißt, ihre Stimmung ist nicht unsauber. Aber die Stimmung ist nicht solide genug. Wenn der Techniker beim Stimmen die Töne nur schwach anschlägt, verstimmt sich der Flügel leichter. Wenn er jedoch stark anschlägt, kann der Pianist so stark hämmern, wie er will – und der Flügel hält die Stimmung.

B. R.: Mußten Sie selbst nie in Konzertpausen nachstimmen?

F. M.: Doch, aber nicht, weil sich der Flügel wirklich verstimmte, sondern nur, weil mich ein Pianist ausdrücklich darum bat. Dieser Pianist ist Maurizio Pollini, für den ich gegenwärtig oft stimme. Wir kommen sehr gut miteinander aus. Er ist ja ein ganz hervorragender Pianist, dessen Spiel ich ungeheuer liebe. Gerade kürzlich stimmte ich für seine Konzerte in der Carnegie Hall, und er bat mich, doch unbedingt in der Pause den Flügel nachzustimmen. Das ist zwar wirklich nicht nötig, aber ich überprüfe das Instrument gerne, wenn Pollini es unbedingt wünscht. Er bringt seinen deutschen Flügel immer mit, einen guten Steinway aus der Hamburger Fabrik. Er hat ihn bei unserem Steinway-Händler in Paris gefunden und sich so in ihn verliebt, daß er ihn gekauft hat und seitdem damit auf Konzertreisen geht. Dieser Flügel verstimmt sich wirklich nicht, und ich stimme auch solide genug. Nun, wir sind mittlerweile ganz gute Freunde. Pollini ist, wie könnte es anders sein, ein großer Horowitz-Verehrer, und er scheint sich darüber zu freuen, mit Horowitz' Stimmer zusammenzuarbeiten. Wir reden oft über Horowitz.

B. R.: Wie äußerte sich Horowitz über Pollini?

F. M.: Ich weiß nicht. Wir sprachen nie über ihn. Aber noch etwas zu Pollini: Er gab eben erst, vor wenigen Tagen, ein Konzert in New York und rief mich zuvor noch an. Er sagte, daß er gerade intensiv beim Üben sei. Vor einem Konzert probt er fast Tag und Nacht. Nicht, um den Flügel einzuspielen. Er nimmt nämlich seinen eigenen aus Paris mit. Er ist einfach aufgeregt und nutzt jede Minute. Ich habe ihn ermutigt, die Sache lockerer anzugehen, und bat ihn, sich Horowitz zum Vorbild zu nehmen, der am Tag des Konzerts den Flügel nie anrührte. Ich sagte: «Mr. Pollini, Sie sind ein ausgezeichneter Pianist! Sie beherrschen doch die Stücke! Bitte ruhen Sie sich vor dem

Konzert unbedingt aus!» Er gab halb willig, halb resigniert zur Antwort: «Ich weiß, daß Sie recht haben. Ich versuche ja, mich zu entspannen. Aber es ist unglaublich schwierig!» – Nun, Pollinis Konzerte sind jedesmal großartig und ein voller Erfolg.

B. R.: Hatten Sie oft solche Sonderwünsche zu erfüllen wie bei Pollini?

F. M.: Einen ganz gegensätzlichen Wunsch äußerte Ivo Pogorelich, für den ich oft stimmte. Als ich das erste Mal für ihn arbeitete und zur Probe in der Carnegie Hall erschien, fragte er mit kritischem Blick: «Franz, was machen Sie denn hier?» Ich antwortete: «Ich habe den Flügel bereits gestimmt, und heute abend werde ich ihn für das Konzert noch einmal nachstimmen.» Er fiel mir ins Wort: «Nein, bitte tun Sie bloß das nicht! Rühren Sie meinen Flügel nicht an! Ich hasse gestimmte Instrumente!» Ich wandte ein: «Aber es ist doch meine Aufgabe, den Flügel optimal zu betreuen und während des Konzerts für Sie dazusein.» – «Sie können von mir aus schon zum Konzert kommen», sagte Pogorelich, «aber bitte stimmen Sie nicht!» Dies war das erste Mal, daß mir ein Pianist verwehrte, den Flügel anzurühren. Ich fand das sehr merkwürdig. Aber wahrscheinlich ist er heute davon abgekommen.

B. R.: Ein nicht hundertprozentig gestimmter Flügel wirkt wohl weniger perfekt. Wahrscheinlich wollte Pogorelich einen weniger durchgestylten, dafür aber lebendigeren Klang.

F. M.: Ich kann das auch nachvollziehen und verstehe ihn sogar. Da fällt mir ein, daß auch der Horowitz-Flügel, der CD 314.503, den ich natürlich immer gut stimmte, keinen perfekten Klang hat, sondern etwas «näselt». Horowitz sagte mir immer mal wieder: «Gerade dieses Näseln mag ich.» – Pogorelich hatte aber auch sonst besondere Vorlieben. Er rückte den Flügel immer von der Bühne weg und drehte ihn so, daß das Publikum seine Finger nicht sehen konnte. – Jeder Pianist hat seine Sonderwünsche, wie Sie sehen. Manche verlangten von mir eine ganz eigene Behandlung der Tastatur. Für Rubinstein mußte ich die Tasten mit Haarspray besprühen, damit seine Finger nicht abrutschten. In «Große Pianisten, wie sie keiner kennt» berichte ich, wie es dazu gekommen ist. Haarspray ist klebrig. Bei Rubinstein konnten die Tasten nicht schmutzig und klebrig genug sein. – Bella Davidowitsch, eine russischen Pianistin, die in Amerika große Triumphe feiert, hat ein besseres Rezept. Als ich das erste Mal für sie stimmte, klagte sie: «Franz, ich habe ein Problem: Meine Finger schwitzen so stark, daß sie auf den Tasten ausrutschen. Darum schmieren Sie die Tasten bitte tüchtig mit Kerzenwachs ein! Und zwar so dick, wie es irgend geht!» – Ich tat das und fand diese Lösung sehr gut. Zwar wurden die Tasten sehr schmutzig, aber dafür waren sie auch unerhört griffig. Seitdem mache ich das immer, wenn ich für Bella Davidowitsch stimme.

B. R.: Ich nehme an, daß die Tasten auch eines Steinway-Flügels längst nicht mehr aus Elfenbein sind. Waren die Elfenbeintasten besser?

F. M.: Die heutigen Tasten sind aus Kunststoff. Und es stimmt: Die Elfenbeintasten hatten kleine, natürliche Poren, die den Schweiß besser absorbierten. Dies ist beim Kunststoff nicht der Fall, obwohl man ein Material verwendet, das nicht völlig rutschig ist. Aber dennoch haben Pianisten, die schwitzen, Probleme. Ein anderer Pianist, Eugene Istomin, löst es auf seine eigene, ziemlich außergewöhnliche Weise, indem er mir ein Stück Sandpapier in die Hand drückt. Damit schmirgle ich die glatte Oberfläche der Tasten ab ...

B. R.: ... und Sie beschädigen so den Flügel?

F. M.: Ja, das kommt Eugene Istomin jedesmal sehr teuer zu stehen. Der Tastenbelag muß nach jedem Auftritt durch die Steinway-Fabrik nachgeschliffen und poliert werden. Istomin hat schon sehr viel Geld dafür bezahlt, weil er bei jedem Flügel die Tasten demoliert. Aber er besteht darauf. Wir schlugen ihm vor, sich einen eigenen Flügel anzuschaffen, damit er nicht immer ein fremdes Instrument abschleifen muß, was er aber abgelehnt hat. Manchmal, wenn ich nicht genug schleife, geht er mit dem Sandpapier noch einmal selbst kräftig darüber. Und seit er von der Haarspray-Methode weiß, die ich bei Rubinstein immer anwandte, sprüht er über die aufgerauhten Tasten sogar noch einen extra klebrigen Lack. – Wenn wir schon über die Tastatur sprechen: Ich muß noch von Rosalyn Tureck erzählen, die in Amerika sehr bekannt und geschätzt ist. Wahrscheinlich weniger in Europa. Ich glaube, sie hat in Europa kaum Konzerte gegeben. Aber in Nord- und auch in Südamerika hat sie sich einen großen Namen gemacht. Leider spielt sie heute nicht mehr; sie wird etwa zwischen 85 und 90 Jahre alt sein. Man nannte sie, was ich etwas dumm finde, «die Hohepriesterin Bachs». Sie spielte nämlich nur Werke von Johann Sebastian Bach und schrieb auch einige Bücher über Bach und die Bach-Interpretation. Auch ihre Vorträge, die sie an zahlreichen Universitäten hielt, machten sie in den Vereinigten Staaten sehr berühmt. Rosalyn Tureck hatte, was den Zustand der Tastatur betraf, völlig andere Ansichten als Rubinstein, Bella Davidowitsch oder Eugene Istomin. Die Tasten konnten in ihren Augen nicht sauber genug sein. Ich erinnere mich an eines ihrer Konzerte in der Carnegie Hall. Sie spielte und dirigierte zugleich vom Flügel aus. Natürlich war es ein Stück von Bach; ich weiß nicht mehr, welches es war. In den Tagen vor dem Konzert rief sie mich mehrere Male an und beschwor mich aufs innigste: «Franz, vergessen Sie auf gar keinen Fall, die Tasten ganz gründlich zu reinigen!» Ich versprach es ihr jedesmal wieder hoch und heilig. Und wie ich mein Versprechen hielt! Am Konzertabend, nach dem Stimmen, wusch ich die Tasten mit Wasser und Seife ab. Aber das genügte ihr immer noch nicht. Unmittelbar vor ihrem Auftritt – das Orchester saß schon da und wartete – schickte sie mich noch einmal mit meinem Reinigungslappen auf die Bühne. Ich mag solche Dinge gar nicht. Die Leute amüsierten sich natürlich, als ich mit einer kleinen Flasche Reinigungsalkohol und einem Tuch herauskam, um jede Taste einzeln zu putzen. Ich machte eine höfliche Verbeugung, wie ich es in solchen Fällen immer tue, und ging wieder nach hinten. Was aber dann noch geschah, schlägt dem Faß den Boden aus. Nachdem ich von der Bühne abgetreten war, rauschte Rosalyn Tureck unter dem Applaus des Publikums in einem rüschenbesetzten, weiten Abendkleid herein und setzte sich an den Flügel. Gerade bevor sie im mucksmäuschenstill gewordenen Saal zum Spiel ansetzte, holte sie aus einer Tasche oder einem Ärmel ihres Kleids ein Plastikfläschchen und ein kleines Tüchlein hervor und fuhr damit noch einmal über die Tasten! Die Leute brüllten vor Vergnügen, klatschten und lachten. Erst dann begann das Konzert. Es wurde ein denkwürdiges Konzert, von dem man sogar heute noch spricht. Nun, Rosalyn Tureck und ich, wir gewöhnten uns mit der Zeit aneinander und kamen schließlich auch ganz gut miteinander aus. Dies, obwohl sie eine eigenartige und, wie Sie merken, recht komplizierte Persönlichkeit war.

B. R.: Mit einem Zug zum Perfektionismus, der offensichtlich schon ins Zwanghafte hinüberkippte.

F. M.: Genauso war es, und dies beschränkte sich nicht nur auf die Behandlung der Tasten. Fast in jedem Konzert wollte sie, daß ich zwischen den Stücken noch schnell an den Flügel ging und daran arbeitete. Das geht weit über Pollinis Ansprüche hinaus! Sie müssen sich vorstellen: mitten im Konzert! Sie war nicht davon abzubringen, denn sie war fest davon überzeugt, daß irgend etwas kaputt gegangen war, daß eine Taste klemmte oder so. Oder daß die Intonation nicht ganz hundertprozentig stimmte. Sie konnte behaupten, eine bestimmte Taste wäre mit dem linken Pedal etwas zu laut. Heute würde ich nie mehr auf solche Wünsche eingehen. Ich gehe nur noch hinaus, wenn etwas ganz offensichtlich kaputt ist, eben wenn eine Taste wirklich klemmt oder ein Pedal quietscht. Das ist dann schon ein Notfall. Aber ich gehe nie mehr während eines Konzerts hinaus, um einen Ton zu intonieren. Man konnte mit Rosalyn Tureck jedoch nicht diskutieren. Oft habe ich nur vorgegeben, daß ich am Flügel etwas verbessern würde. Am besten machte man in der Show, die sie abzog, einfach mit. Ein andermal, anläßlich einer Schallplattenaufnahme, mußte ich den Flügel nicht weniger als vierundzwanzig Mal öffnen, um an dem einen oder anderen Ton zu arbeiten. Das war natürlich völlig irre. Einmal verklagte sie uns auf 100000 Dollar Schmerzensgeld. Das war in den letzten Jahren, als sie noch spielte, in den achtziger Jahren. Sie war damals bei uns im berühmten Konzertkeller von Steinway, wo eine Reihe auserlesener Flügel steht, auf dem Boden ausgerutscht und hingefallen. Es gibt dort einen Parkettboden, der natürlich glatt ist. Aber Rosalyn Tureck behauptete, der Filzstaub von den Klavierhämmern, die wir abfeilen, hätte sich als feine, rutschige Schicht auf den Boden gelegt. Sie klagte über Schmerzen und war fest davon überzeugt, daß sie den einen Fuß gebrochen hatte. Sofort sagte sie die nächsten Konzerte ab. Aber die Röntgenaufnahmen, die man daraufhin im Krankenhaus machte, bestätigten ihre Befürchtungen nicht. Es handelte sich wohl um eine Schwellung, und man schickte sie wieder nach Hause. Jedenfalls kam sie mit ihrer Klage vor Gericht nicht durch.

B. R.: Sie haben auch für Claudio Arrau gestimmt, und Sie haben im Gespräch über Horowitz erwähnt, daß dieser keine großen Stücke auf Arrau hielt. In einer Arrau-Biographie steht, er habe sich seinerseits über Horowitz' kindisches Verhalten aufgeregt. Was war der Grund für dieses gespannte Verhältnis?

F. M.: Ich weiß es nicht. Vielleicht war zwischen Horowitz und Arrau etwas vorgefallen, das ist möglich. Ich kann es nicht sagen. Ich selbst erlebte Claudio Arrau einerseits als großartigen Pianisten, der auch sehr schöne Platteneinspielungen machte, und andererseits als einen ziemlich merkwürdigen Kauz. Er war ein ganz anderer Charakter als Horowitz, der einen kindlichen und manchmal auch kindischen Schalk hatte. Arrau war eine ernste Persönlichkeit. Wie kein anderer Pianist gab er mir zu spüren, daß ich für ihn nur der Klavierstimmer war. Er benahm sich sehr distanziert und verhielt sich auch sonst, nicht nur mir gegenüber, sehr kühl und unpersönlich. Ich hielt mich deshalb immer im Hintergrund. Alle anderen Künstler arbeiteten eng mit mir zusammen und suchten eine freundschaftliche Beziehung. Claudio Arrau überhaupt nicht. Wenn ich ihn fragte, was ich tun sollte und ob es am Flügel noch etwas zu verbessern gäbe, winkte er kurz ab und sagte, alles sei in Ordnung. Er sprach dabei immer deutsch mit mir.

B. R.: War er nicht Südamerikaner?

F. M.: Er kam aus Chile, war aber deutschstämmig und hatte in Deutschland studiert. Er und seine Frau sprachen beide fließend Deutsch. Sie wohnten in Douglaston im Staat New York, direkt an einer Meeresbucht. Sie hatten ein schönes Haus mit einem angebauten Künstlerzimmer. Ich ging oft hin, war aber immer ganz auf mich gestellt, weil sich niemand um mich kümmerte. Zwar wurde ich hereingelassen, sah aber dann den ganzen Tag über keine Menschenseele mehr. Immerhin gab es einen großen Schäferhund. Der brachte mich jedoch in arge Verlegenheit, denn es war ein sehr furchterregendes, grimmig aussehendes Exemplar. Er stand immer vor dem Musikzimmer – vor allem, wenn ich einmal hinaus mußte, um zur Toilette zu gehen. Er stand da und knurrte aggressiv und sah so aus, als wollte er mich in Stücke reißen. Ich wagte mich dann nicht an ihm vorbei, mußte aber in meiner Lage doch eine Lösung finden! So kletterte ich aus dem Fenster und verrichtete meine Notdurft im Garten. Es ging wirklich nicht anders. – Auch aus einem anderen Grund war mir im Haus von Arrau nie ganz wohl: Die Wände im Musikzimmer waren voller afrikanischer Masken. Es war etwas Dämonisches in diesen Fratzen; etwas, was ich überhaupt nicht mag. Dazu kam, daß im Zimmer ein schwerer Dunst von Weihrauch lag, denn in einem Nebenraum stand ein Altar, auf dem wohl Weihrauch verbrannt wurde. Ich mußte immer das Fenster sperrangelweit öffnen, damit dieser Weihrauch einigermaßen verschwand. – Eines Tages fuhr ich mitten im Winter zu Arrau. Er ließ mich hinein und verschwand dann wieder mit seiner Frau zusammen für den Rest des Tages. In den Abendstunden kam ein Eisregen über New York; der schlimmste, den ich je erlebt hatte. Nicht nur, daß die Straßen spiegelglatt waren. Es brachen auch viele Äste von den Bäumen. Als ich spät abends das Haus verließ, fand ich knapp neben meinem Auto einen großen Baum liegen. Er war direkt hinter dem Kofferrraum heruntergedonnert. Auf dem Dach meines Wagens lagen Äste, aber das Auto hatte keinen einzigen Kratzer abbekommen. Irgendwie schaffte ich es, nach Hause zu schlittern, und kam mitten in der Nacht an. Aber wiederum war mir keiner zu Hilfe gekommen. Arrau machte es mir nicht leicht, Respekt für ihn zu empfinden. Zugegeben, als Pianist war er großartig. Aber sonst blieb er ein eigenartiger Kauz, den ich eigentlich nicht mochte.

B. R.: Sind Sie je hinter sein rätselhaftes Benehmen gekommen? Das alles klingt ja sehr okkult.

F. M.: Ich weiß nicht genau, was dahintersteckte. Es war, wie Sie sagen, etwas Unheimliches um Arrau. Er kam auch immer in einem Cape zum Konzert – in einem großen schwarzen Mantel, der innen weiß war, wie ihn früher die Barone trugen. Er war fast der einzige Pianist, dessen Persönlichkeit mich ungemein störte. Ähnliches könnte ich höchstens noch von Alexander Brailowsky, dem polnischen Pianisten, sagen, für dessen Aufnahmen und Konzerte ich ab und zu stimmte. Er war ein ebenso kühler und unpersönlicher Mensch. Er sprach eigentlich nie mit mir; und ich kann mich nur an einen einzigen Wortwechsel zwischen uns erinnern, der leider weniger schön war. Ich wurde bei einer Schallplattenaufnahme aus dem Tonstudio hinunter in den Saal gerufen, weil Brailowsky mit einem Ton unzufrieden war. Ich begann zu intonieren. Während meiner Arbeit ging er nervös um den Flügel herum und konnte es kaum abwarten, bis ich fertig war. Schließlich war ich soweit, und ich packte meine Sachen schnell zusammen. In der Eile passierte es mir, daß ich das Notenpult umgekehrt hinlegte und unter den Deckel schob. Beim Steinway-Flügel kann man das Notenpult verkehrt hineinschieben. Man muß da aufpassen. Aber Brailowsky hatte mich so nervös gemacht, daß mir dieses Mißgeschick unterlief. Als er sich wieder an den Flügel setzte und das Notenpult aufklappen wollte, bemerkte er natürlich den Fehler und wurde sofort ungeheuer wütend. Er meinte, ich hätte ihm einen Streich spielen und ihn ärgern wollen. Nun, solche Streiche liegen mir fern. Er schrie mich an. Ich konnte nur sagen: «Maestro, bitte vergeben Sie mir, ich habe es nicht absichtlich getan.» Er konnte sich kaum noch beruhigen. Seine Frau saß immer im Aufnahmestudio, wenn er unten spielte. Sie hatte eine sehr tiefe Stimme und paffte ständig an einer dicken kubanischen Zigarre. Sie war eine nicht weniger eigenartige Persönlichkeit als ihr Mann. Sie konnte ihn sehr heftig kritisieren, und ihre dunkle Stimme klingt mir noch heute im Ohr, wenn sie durchs Mikrofon rief: «Sascha, Sascha, das ist doch ganz falsch! Das mußt du nochmal machen!»

B. R.: Es gibt eine Liste von rund 900 erfolgreichen Pianisten, die Steinway-Flügel spielen oder gespielt haben. Für etwa 200 Künstler haben Sie gestimmt. Um nur einige von ihnen zu nennen: Geza Anda, Mitchell Andrews, Martha Argerich, Wladimir Ashkenazy, Victor Babin, Gina Bachauer, Artur Balsam, Daniel Barenboim, Robert Casadesus, Clifford Curzon, David Dubal, Christoph Eschenbach, Leon Fleisher, Justus Frantz, Bruno Leonardo Gelber, Gary Graffman, Friedrich Gulda, Ingrid Haebler, Lorin Hollander, Oxana Jablons-

kaja, Byron Janis, Detlef Kraus, Lili Kraus, Seymour Lipkin, Radu Lupu, Jeremy Menuhin, Arturo Benedetti Michelangeli, John Ogdon, Christopher O'Riley, Güher und Süher Pekinel, Daniel Pollack, Jean-Bernard Pommier, Nadia Reisenberg, Ilan Rogoff, György Sándor, András Schiff, Jean-Yves Thibaudet, Mitsuko Uchida, Tamàs Vàsàry, Witja Wronski, Krystian Zimerman. Die Liste ist beeindruckend. Wir können uns nur über wenige dieser Pianisten unterhalten. Lassen Sie mich einmal so fragen: Mit welchen Pianisten verbindet Sie etwas Besonderes?

F. M.: Da fallen mir spontan einige Namen ein. Wen soll ich nennen? Nun, vielleicht Daniel Barenboim, für den ich seit langem arbeite. Er ist ja ursprünglich Pianist, aber auch als Dirigent tätig, heute als künstlerischer Leiter des Symphonieorchesters Chicago. Einer der wenigen Pianisten übrigens, die auch sehr gute Dirigenten sind. Horowitz hatte für dirigierende Pianisten nur Spott übrig und antwortete einmal auf die Frage, weshalb wohl so viele Pianisten zu dirigieren beginnen: «Weil aus dem Dirigentenstab keine falschen Töne herauskommen.» Daniel Barenboim ist aber auch ein ausgezeichneter Pianist, muß ich nachschicken. Das letzte Mal habe ich vor etwa drei Jahren für ihn gestimmt. Er trat in Chicago auf und begleitete den Geiger Itzhak Perlman bei einem Brahms-Abend am Flügel. Ich saß mit meiner Videokamera oben auf dem Balkon und nahm alles auf. Diese Aufnahme liebe ich sehr.

B. R.: Neugierige Zwischenfrage: Nehmen Sie oft Konzerte auf?

F. M.: Ich sitze sehr selten mit der Videokamera in Konzerten. Sonst habe ich eigentlich nur das legendäre Moskauer Konzert von Horowitz festgehalten. Aber weil mich mit Barenboim eben ein besonderes Verhältnis verbindet, habe ich das Konzert in Chicago aufgenommen. Nun, Daniel Barenboim ruft mich immer wieder mal an oder schreibt auch – aus irgendeiner Stadt in Europa, Amerika oder auf einem anderen Kontinent. Meist möchte er meine Meinung zu einem klaviertechnischen Problem hören, sei es im Blick auf ein Konzert oder auf eine Schallplattenaufnahme. Wenn er anruft, meldet er sich immer auf deutsch: «Hallo Franz, hier ist der Danny!» Oft habe ich mit ihm auch über den Glauben gesprochen, wohl wissend, daß er Jude ist. Er kann in Jesus nicht den jüdischen Messias erkennen. Ich habe ihm einmal ein schönes, in Leder gebundenes Buch mit lauter Bibelversen geschenkt, in dem viele wunderbare Verheißungen Gottes aus dem Alten und Neuen Testament zusammengetragen sind. Davon war er sehr begeistert, und er sagte mehrmals, das Buch sei ihm zum Segen geworden. Man könne es jederzeit aufschlagen, meinte er, und man sei allein schon durch einen einzigen dieser wunderbaren Verse gesegnet. Einmal schenkte er mir ein Buch mit dem Titel «Der Mythos der jüdisch-christlichen Tradition». Er selbst stimmte zwar nicht mit allem überein, was darinstand, aber er fand es interessant und wollte mein Urteil darüber wissen.

B. R.: In diesem Buch steht eine Widmung für Sie, die ich zitieren möchte: «Für Franz – mit großer Dankbarkeit für Dein selbstloses Schaffen und mit großer Bewunderung für Dein Können. Daniel Barenboim – Februar 1979». Was mich auch in diesem Zusammenhang wieder erstaunt, ist weniger Ihr großer Erfolg als Klavierstimmer als die Tatsache, daß Sie auch mit Ihren Glaubensgesprächen auf offene Ohren und echtes Interesse stoßen.

F. M.: Nun, ich falle ja nicht mit der Tür ins Haus. Ich habe beispielsweise jahrelang dafür gebetet, daß ich mit Horowitz einmal in Ruhe über Jesus Christus sprechen könnte. Und es dauerte lange, bis diese einmalige Gelegenheit kam. In meinem ersten Buch berichte ich ausführlich davon. Ich sage sehr gern etwas vom Glauben, wenn ich spüre, daß es passend ist und der andere dafür einigermaßen empfänglich ist. Denn es geht ja darum, andere Menschen unaufdringlich, aber glaubwürdig darauf hinzuweisen, daß die Liebe und die Vergebung Gottes auch für sie gilt. Abweisend waren eigentlich nur ganz wenige. Allen voran Wanda Horowitz – zumindest bis vor einigen Monaten. Auch Artur Rubinstein wollte vom christlichen Glauben nichts hören, und ich ließ ihn damit in Ruhe. Obwohl er zuletzt wollte, daß ich ihm, der im hohen Alter fast nichts mehr sehen konnte, aus einem christlichen Buch vorlas. Ich bin davon überzeugt, daß im Grunde viele Musiker und überhaupt Künstler für den Glauben aufgeschlossen sind. Meistens, wenn sich ein Pianist über solche Fragen äußert, hake ich nach. So bei Wladimir Ashkenazy, für den ich sehr oft arbeitete. In der New York Times erschien ein Interview mit ihm, wo er auf die Frage nach Gott sagte, er sei ein Atheist und er habe keinen Glauben. Dies zu lesen schmerzte mich sehr, und ich besorgte mir eine russische Bibel. Im Künstlerzimmer der Carnegie Hall ergab sich dann eine gute Gelegenheit, sie ihm zu schenken. Seine Frau war ebenfalls dabei. Ich erklärte, daß mich seine Aussage in der New York Times sehr geschmerzt habe, weil für mich die Bibel alles bedeute und ich meine ganze Kraft aus Gottes Verheißungen schöpfe. Ashkenazy bedankte sich höflich und nahm die Bibel entgegen. Er stellte zugleich richtig, daß er sich keineswegs als Atheist sehe, sondern als einer, der einfach nicht wisse, was es mit Gott auf sich habe. Er nahm also die Bibel mit und versprach, darin zu lesen. Und einige Wochen später, als ich ihn wiedersah, kam er ganz begeistert auf mich zu und begann von sich aus: «Franz, ich lese nun die Bibel! Und ich muß Ihnen sagen: Eine ganz neue Welt tut sich da vor mir auf!» Er war begeistert.

B. R.: Mit einem Pianisten beten Sie ja regelmäßig vor den Konzerten: mit Van Cliburn. Er gehört wohl auch zu denen, die Ihnen besonders nahestehen.

F. M.: Ja, mit einem Pianisten vor dem Auftritt noch beten zu können, ist wunderbar. Wir haben dann auch schöne Gebetserhörungen erlebt – vor allem im Weißen Haus, wo Van Cliburn oft aufgetreten ist und durch seine spontan angestimmten «Moskauer Nächte» dazu beigetragen hat, daß das Eis zwischen Gorbatschow und Reagan an jenem Abend brach. Van Cliburn gehört unbedingt zu denjenigen, mit welchen mich eine Freundschaft verbindet. Ich habe viel für ihn gestimmt. Er hat die besondere Angewohnheit, vor dem Konzert die ganze Nacht hindurch zu üben. Er ist ein Nachtmensch. Ich erlebte es oft, daß Pianisten die Nacht über im Steinway-Keller blieben, um die Flügel ungestört auszuprobieren. Der englische Pianist Clifford Curzon legte mir dann jeweils eine Notiz mit seinen Wünschen hin, denen ich am nächsten Morgen nachkommen konnte. Bei Van Cliburn waren aber die nächtlichen Proben bereits ein Lebensstil. Er arbeitet nachts und schläft bis in den Nachmittag hinein. Man darf ihn nie vor fünfzehn Uhr anrufen. Einmal, als ich bei ihm in Texas war, diskutierten wir bis etwa halb zwölf in der Nacht. Da schlug er ganz überraschend vor: «Laß uns zum Essen ausgehen.» – Ich zweifelte daran, daß noch ein Restaurant offen war, Texas ist ja nicht New York City. Aber er rief schnell bei seinem Lieblingsrestaurant an, und die Küche blieb extra für Cliburn offen. Er ist ein ganz außergewöhnlicher Mensch und Pianist. Bei ihm zu Hause stehen vierzehn Steinway-Flügel. In jedem Zimmer einer – nein: Es gibt sogar noch manche Zimmer, in denen kein Flügel steht...

B. R.: Stimmen Sie heute noch für ihn?

F. M.: Er spielt kaum mehr, obwohl er erst um die fünfzig Jahre alt ist. Jedenfalls nicht öffentlich.

B. R.: Sie haben, als wir über Rudolf Serkin gesprochen haben, auch Alfred Brendel genannt. Offenbar war er bei anderen Klavierstimmern nicht so beliebt.

F. M.: Er war ein Perfektionist. Er bestand immer darauf, den Konzerttechniker bei seiner Arbeit am Flügel zu unterstützen, wovor viele Techniker Angst hatten. Es ging Brendel vor allem um die Intonation. Es ist immer meine Meinung gewesen, daß wir Techniker von den Pianisten viel lernen können, und so war ich über Brendels Mithilfe immer sehr froh. Er markierte jeweils die Töne, die ihm zu laut erschienen, indem er auf die entsprechenden Tasten ein Kreuz zeichnete, wie wir es zu tun pflegen. Dann ließ er mich an die Arbeit und kontrollierte sie sehr genau, wobei er wieder einige Töne fand, die neu intoniert werden mußten. Ich habe, glaube ich, schon einmal erwähnt, daß der Anschlag eines Pianisten meistens viel ausgeglichener ist als der eines Stimmers. Es gibt also keinen Grund, für die Mitarbeit der Pianisten nicht dankbar zu sein.

B. R.: Kann diese Mitarbeit nicht manchmal auf die Nerven gehen?

F. M.: Wenn es eine echte Mitarbeit ist und kein Spleen, dann geht sie nicht auf die Nerven. Ich habe allerdings auch gelernt, meinem eigenen Gehör zu trauen und nicht allen Forderungen eines Pianisten nachzukommen. Bittet mich ein Pianist, einen Ton noch einmal zu intonieren, obwohl dieser meiner Meinung nach völlig in Ordnung ist, dann ändere ich sicher nichts mehr daran, sondern gebe einfach vor, daß ich daran arbeite. Ich brauche dabei gar nicht zu lügen; ich kann dem Pianisten einfach bestätigen, daß ich den Ton nachkontrolliert habe und ihn auffordern, das Resultat zu prüfen. In den meisten Fällen ist der Pianist zufrieden. – Noch ein paar Worte zu Alfred Brendel: Es dauerte sehr lange, bis er sich in den Vereinigten Staaten einen Namen gemacht hatte, während er in Europa seit Jahren gefeiert wurde. Es ist überhaupt erstaunlich, wie wenig sich aus dem Erfolg, den man in Europa erreicht, in den USA Kapital schlagen läßt – und umgekehrt. Ich muß dies nachher noch am Beispiel von Shura Cherkassky illustrieren. Alfred Brendel kam trotz mäßigen Zuspruchs Jahr für Jahr in die Carnegie Hall und spielte jedesmal drei Konzerte – anfangs vor sehr dürftig besetzten Zuschauerreihen. Aber er ließ sich nicht beirren, sondern kam immer wieder. Schließlich, nach langer Zeit, bekam er mehr Publikum, bis er nur noch ausverkaufte Häuser hatte. Einmal sagte ich bei einer Probe in der Carnegie Hall zu ihm: «Alfred, du hast heute ein volles Haus. Und auch die beiden anderen Abende sind bis auf den letzten Platz ausverkauft.» Er antwortete in seiner trockenen Art: «Es hat aber auch lange gedauert, bis der Groschen gefallen ist.» – Eine treffende Bemerkung ganz anderer Art, die Brendel einmal machte, kommt mir immer wieder in den Sinn. Kaum aus Europa in der Carnegie Hall angekommen, meinte er: «Franz, jetzt muß ich mich wieder auf die klimatischen Verhältnisse hier in Amerika einstellen, wo es zur Sommerzeit drinnen ungeheuer kalt ist, während draußen eine unerträgliche Hitze herrscht, und wo es im Winter drinnen viel zu warm ist und draußen bitterkalt.» Er hatte recht. Auch meine Frau und ich hatten uns erst daran gewöhnen müssen, daß im Sommer alle Geschäfte klimatisiert sind, und daß es einem vorkommt, als laufe man gegen eine Wand, wenn man wieder in die Hitze hinaustritt. – Ich kam mit Alfred Brendel gut aus, im Unterschied zu manchen meiner Kollegen. Für ihn als Pianisten konnte ich mich allerdings nie restlos begeistern, obwohl er sehr korrekt und präzise spielt. Seine Interpretationen waren mir fast zu schulmeisterlich. Wladimir Horowitz sagte einmal: «Franz, ich habe gehört, daß Sie auch für Alfred Brendel stimmen. Ich will Ihnen eines sagen: Ich könnte niemals alle 32 Beethoven-Sonaten runterspielen!» Brendel hatte sich eben dies vorgenommen. Horowitz meinte: «Manche Sonaten von Beethoven sind zwar wunderbar, aber eine nach der anderen zu spielen ist das Langweiligste, was man sich überhaupt vorstellen kann. Beethoven hat manchmal einfach zu viele Noten geschrieben. Im Unterschied zu Mozart: Bei ihm sitzt jede Note am rechten Fleck!» Das war aber typisch Brendel: Er zog einfach ein Programm durch, gründlich und sauber, aber irgendwie leblos. Für mich ist er einfach zu ernst.

B. R.: Sie hatten ja auch ständig Horowitz als Vergleichsmöglichkeit vor Augen.

F. M.: Horowitz und auch andere Pianisten konnten die Dinge viel lockerer nehmen und, wenn sie einmal danebengriffen, auch über sich selbst lachen. Horowitz war ja äußerst humorvoll. Ebenso Artur Rubinstein. Als er eines Tages im RCA-Studio mit dem Guarneri-Quartett für eine Aufnahme probte und, weil er seinen Part zu wenig kannte, ständig danebengriff und im Quartett für eine angespannte Stimmung sorgte, hörte er mitten im Takt auf und brach in schallendes Gelächter aus. Zu den Musikern gewandt, rief er: «Wißt ihr, diese falschen Noten kommen einfach von selbst! Man braucht sich überhaupt nicht um sie zu bemühen; sie sind einfach da!» Am nächsten Tag jedoch beherrschte er seinen Part, und die Aufnahme konnte gemacht werden. Im Gegensatz dazu hat Alfred Brendel keinen Humor. Er ist tiefernst, und in einem Konzert, das er vor einigen Jahren in der Orchestra Hall in Chicago gab, brach er mitten im Vortrag einer Beethoven-Sonate ab, stand auf und rief ins Publikum hinein: «Ruhe! Ruhe, bitte! Ich kann mich nicht konzentrieren!» Das war Alfred Brendel.

B. R.: Sie sagten vorhin, daß ein guter Ruf in Europa noch keineswegs den Erfolg in Amerika garantiert und umgekehrt. Erstaunlicherweise gilt dies ebensosehr für die Unterhaltungsmusik. In Europa jubelt man Rock-Stars zu, die in den USA unter «ferner liefen» plaziert sind. Wenn man liest, für welche Pianisten Sie gestimmt haben, so sind zwar weltberühmte Persönlichkeiten darunter, aber auch einige, die vor allem auf dem Kontinent Karriere gemacht haben.

F. M.: Das stimmt. Oder manche mußten sich wie Brendel das amerikanische Publikum erst erobern. Shura Cherkassky, den ich vorhin genannt habe, war in Deutschland seit den dreißiger Jahren einer der großen Stars. Er war aus Amerika gekommen und hatte schnell die bedeutenden Konzertsäle erobert. Als junger Klavierstimmer war ich ganz stolz darauf, daß ich für ihn schon gestimmt hatte. Ich meinte, mit dieser Referenz bei Steinway einen besonders guten Eindruck machen zu können, als ich 1962 nach Amerika kam. Bill Hupfer fragte mich dann auch, für wen ich in Deutschland schon alles gestimmt hätte. Ich nannte eine Reihe von Pianisten. Zuerst Wilhelm Kempff – aber den kannte er nicht. Hans Richter-Haaser war ihm ebensowenig ein Begriff. Als drittes nannte ich Alicia de Larrocha. «Ja, für sie habe ich auch schon gearbeitet», sagte er. Nun spielte ich meinen Trumpf aus und nannte Shura Cherkassky. Aber zu meiner Enttäuschung hatte er diesen Namen noch nie gehört. Shura Cherkassky hatte doch eine Weltkarriere gemacht, wie ich meinte. Schließlich war er Amerikaner. Aber ich erfuhr erst später, daß er zwar in Kalifornien aufgewachsen war und seine ersten Erfolge in den USA gefeiert hatte, dann aber sehr früh nach Europa gegangen und in seiner Heimat in Vergessenheit geraten war. Erst fünfzig Jahre später, das heißt in den achtziger Jahren, kehrte er wieder in die USA zurück, wo er sofort sehr berühmt wurde. Ich weiß nicht, weshalb dies so schnell ging; vielleicht kannte man ihn von Schallplatten her. Und nun stimmte ich nach über zwanzig Jahren wieder für ihn! Er ist ein hervorragender Pianist, der heute, mit über achtzig Jahren, immer noch auftritt! 1993 feierten wir das Jubiläum zum 140jährigen Bestehen der Firma Steinway in der Carnegie Hall. Mindestens zwölf Pianisten traten auf und gaben ein Mammut-Konzert, darunter auch der alte Shura Cherkassky. Viele Leute sagten nachher, Shura hätte sie am meisten überzeugt. Er ist eine besondere Persönlichkeit, die ganz in der Musik aufgeht und alles um sich herum vergißt. Er vermittelt den Eindruck, als stehe er nicht ganz mit beiden Beinen auf dem Boden. Eine kleine Episode, die ich miterlebt habe, mag das illustrieren: Nach einem wundervollen Konzert von Shura in der Carnegie Hall standen wir noch etwas hinter der Bühne zusammen, während der Maestro von begeisterten Leuten umlagert wurde. Neben mir stand ein Freund, der im Management bei Columbia Records gearbeitet hatte und alle großen Künstler bestens kannte. Plötzlich stieß er mich an und zeigte in die Richtung von Shura: «Franz, schau mal da drüben! Das gibt's doch nicht! Weißt du, wer da kommt? Das ist Shuras frühere Frau Donna! Ich kenne sie gut; sie arbeitet in Los Angeles ebenfalls im Musikbereich!» Ich beobachtete, wie diese ältere Dame zu Shura trat und ihm überschwengliche Komplimente machte: «Shura, du warst hinreißend! Genauso habe ich dich in Erinnerung! Du hast gar nichts von deinem früheren farbenfrohen, ausdrucksvollen Spiel verloren! Deine Finger laufen wie eh und je!» Sie konnte kaum aufhören, ihn zu loben. Shura blickte sie freundlich, aber etwas fragend an und entgegnete: «Vielen Dank, Madame! Dankeschön! Aber wer sind Sie eigentlich? Kennen wir uns?» Sie rief aus: «Aber Shura, ich bin doch deine Frau! Ich bin doch Donna!» – Nach einigen Augenblicken betretenen Schweigens sagte er: «Wirklich? Bist du es wirklich – die Donna?» Eine solch eigenartige Szene hatte ich noch nie erlebt. Mein Freund klärte mich später darüber auf, daß Shura Donna als kaum Zwanzigjähriger überstürzt geheiratet hatte, ohne sich darüber im klaren zu sein, daß eine Ehe seinen Lebensstil verändern würde. Wenige Wochen nach der Hochzeit warf er schon ganz enttäuscht das Handtuch und kehrte auch gleich Amerika den Rücken. Das war der Grund, weshalb er nach Europa kam. In Europa heiratete er kein zweites Mal, soviel ich weiß, sondern er blieb Junggeselle. Vielleicht hatte das dazu beigetragen, daß er irgendwie nicht ganz von dieser Welt ist. – Wenn er in New York auftrat, quartierte man ihn jeweils im Helmsley-Hotel gleich um die Ecke bei Steinway ein. Als er eines Tages kommen sollte, um für das Konzert einen Flügel auszusuchen, schickte mich unser Konzertdirektor, David Rubin, zum Hotel hinüber. Er sagte: «Hol bitte Shura Cherkassky ab.» Ich protestierte: «Das ist doch lächerlich! Das ist ja gleich um die Ecke!» Doch David bestand darauf: «Franz, du kennst den Shura nicht! Geh hin und bring ihn herüber, sonst verirrt er sich garantiert! Er vergißt immer, ob er sich nach rechts oder nach links wenden muß.»

B. R.: Hat Shura Cherkassky in Ihnen eigentlich den jungen Klavierstimmer wiedererkannt, der schon in Deutschland für ihn gestimmt hatte?

F. M.: Bei einer Probe im Hunter College kamen wir einmal miteinander ins Gespräch. Bei dieser Gelegenheit wollte ich ihn an unsere früheren Begegnungen erinnern. Es war vergeblich. Er konnte sich beim besten Willen nicht mehr an mich erinnern. Nun gut, es war seitdem schon einige Zeit verstrichen; aber er lebte so in der Welt der Musik, daß auch sonst alles andere unwichtig war. In derselben Probe übrigens brach er mitten im Takt ab, drehte sich zu uns um – außer mir saßen noch ein paar Manager da – und sagte: «Ist es nicht kalt hier? Ich finde, es ist recht kalt.» Wir schauten einander an und gaben ihm übereinstimmend recht: «Ja, es stimmt: Es ist etwas kühl hier.» Shura stand auf und ging zu einem Koffer hinüber, den er weit öffnete. Wir waren gespannt, was er tun würde. Aus dem Koffer holte er das zerschlissene Futter eines Mantels hervor, nicht den Mantel, nur das Futter, von dem noch einige Fäden lose herunterhingen. Er zog es an, setzte sich wieder an den Flügel und strahlte: «Oh, jetzt ist es gut! Jetzt fühle ich mich viel besser.»

B. R.: Das Ganze erinnert etwas an Glenn Gould.

F. M.: Auch Shuras Können grenzt an Goulds Genialität. Sehr interessant war seine Art zu proben. Als ich früher zum ersten Mal in Düsseldorf für ihn stimmte, bat ich ihn in meiner jugendlichen Begeisterung, ihm beim Üben zuhören zu dürfen. Er probte damals in einem Raum unserer Steinway-Konzertdirektion bei Dubach & Wylach. Ich ging also zu ihm und fragte, ob er es mir übelnehmen würde, wenn ich mich ganz still in die hinterste Ecke setzen würde, um ihm zuzuhören. So etwas würde ich heute nie mehr tun. Er erlaubte es mir, aber warnte mich zugleich: «Lieber junger Mann, Sie können gerne kommen und zuhören. Aber ich sage Ihnen: Das ist die langweiligste Geschichte der Welt, wenn ich übe. Sie werden es bald bereuen!» Ich glaubte ihm nicht und bestand auf meinem Wunsch und setzte mich also in die hinterste Ecke. Bald aber begriff ich, was er gemeint hatte. Denn er hob langsam die eine Hand und schlug nun mit dem ersten Finger eine Taste an, wartete eine kleine Weile und schlug dann mit dem zweiten Finger eine zweite Taste an und nach einer Pause mit dem dritten Finger eine dritte Taste. Im Zeitlupentempo ging das so weiter, hin und zurück, hin und zurück. Es war wirklich zum Einschlafen. Dann, nach einer ganzen Weile, nahm er die linke Hand und schlug wieder Taste um Taste an. Ich hatte mich schon entschlossen, leise zur Tür hinauszuschleichen, als er doch noch zum Spielen ansetzte und die herrlichste Chopin-Mazurka darbot. Das Warten hatte sich gelohnt. – Shura ist einer jener Pianisten, die selbst einem schlecht intonierten Flügel den wunderbarsten Klang entlocken können. Für ihn einen Flügel auszusuchen war eine sehr bequeme Sache. Er war mit meiner Wahl immer kritiklos zufrieden. Seine Sorge galt eher dem Klavierstuhl. Er behauptete, jeder Stuhl würde ein Geräusch machen. Wenn er die Flügelausstellung bei Steinway besuchte, widmete er sich sogleich dem Klavierstuhl. Neunzig Prozent der Zeit brachte er nur damit zu, den richtigen Stuhl auszuwählen. War der Stuhl endlich gefunden, bestand Shura darauf, daß sich bis zum Konzert niemand anders darauf setzte. Wir mußten sogar ein Schild mit einem entsprechenden Vermerk anbringen und den Stuhl zusätzlich in einem besonderen Raum verschließen! Er wollte dann sehen, wohin ich den Stuhl brachte und in welchem Raum ich ihn verschloß. Da war er sehr pedantisch.

B. R.: War er eher ein Schwergewicht? Oder weshalb hatte er solche Schwierigkeiten mit dem Klavierstuhl?

F. M.: Seine Sorgen waren meiner Meinung nach kaum begründet. Er war auch nicht übergewichtig. Aber jeder Pianist hat nun einmal seine besonderen Sorgen. Wenn Sie schon Gewichtsprobleme anschneiden, so muß ich wohl noch von dem russischen Pianisten Lazar Berman sprechen. Wir nannten ihn, weil er so korpulent war, den russischen Bären. Wenn er zu uns in die Steinway Hall kam, um einen Flügel auszusuchen, mußten wir sehr darauf achten, daß er einen möglichst großen und verstärkten Klavierstuhl bekam, der unter seinem Gewicht nicht ächzte. Aber wie groß der Stuhl auch war: wenn er darauf saß, sah man ihn nicht mehr. – Wohl weil er Russe war, lud ihn Horowitz einmal zu sich ein. Es sollte das erste und letzte Mal werden, denn Horowitz sagte nachher: «Franz, der Lazar Berman kommt mir nie mehr ins Haus.» Ich erkundigte mich nach dem Grund, und Horowitz erzählte, Berman habe sich auf einen antiken Stuhl gesetzt. Sicher war es ein sehr wertvoller Stuhl, denn Horowitz liebte kostbare Antiquitäten. Man habe sich Witze erzählt, und Berman sei bei einer Pointe mit schallendem Gelächter aufgesprungen und habe sich wieder auf den Stuhl zurückfallen lassen, der unter seinem Gewicht in tausend Stücke zersplittert sei. Man habe den Stuhl gleich wegwerfen können. Das war natürlich ein Fauxpas, der Berman die Freundschaft mit Horowitz kostete. – Ich mag Berman jedoch sehr. Ich überraschte ihn vor zwei Jahren in São Paulo, wo ich für Klavierstimmer Kurse und er zur gleichen Zeit Konzerte gab. Ich erfuhr davon und tauchte nach dem Konzert unangemeldet in der Künstlergarderobe auf. Lazar Berman konnte es kaum fassen: «Franz! Was machst denn du hier? Das gibt's doch nicht! Wie kommst du überhaupt hierher?» Er konnte sich kaum beruhigen. Er lud mich sofort zu einem guten Diner ein, das bis spät in die Nacht hinein dauerte.

B. R.: Unter «Ihren» Künstlern gibt es viele mit russischer Abstammung. Sie haben ja sogar für ein Konzert mit Igor Strawinsky gearbeitet.

Begegnung zwischen Franz Mohr und dem Schweizer Klavierstimmer Franz Schärer, den Rudolf Serkin sehr schätzte (s. Kap. 4).

Rudolf Serkin mit seinem Sohn Peter, der heute ebenfalls ein berühmter Pianist ist.

Rudolf Serkins Studio in Vermont. Franz genoß es jeweils enorm, dort am Flügel zu arbeiten … (Vgl. Kap. 4)

Franz Mohrs Auto nach einem Glatteisunfall auf dem Weg zu Serkin. Franz selbst blieb unverletzt.

Ein Exzentriker am Steinway-Flügel: Elton John. (Vgl. Kap. 6, Ende)

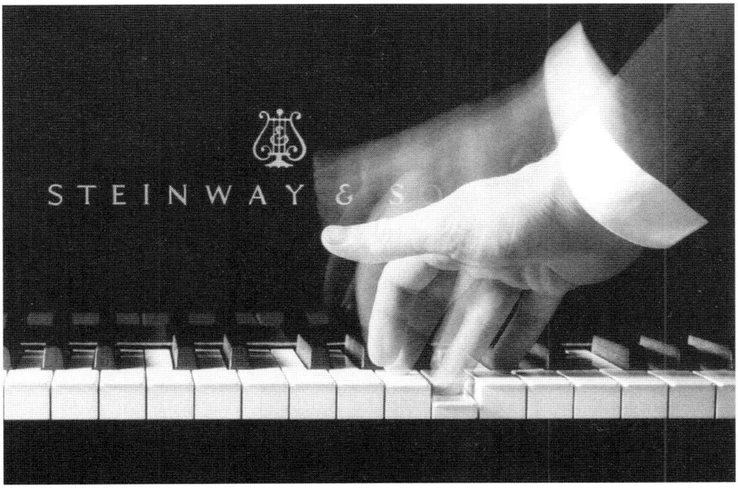

Nur wenige Konzertbesucher denken an die Vorarbeit, die nötig ist, bis die Pianisten brillieren können …

Das Eis zwischen Reagan und Gorbatschow brach – als Van Cliburn im Weißen Haus spontan das Lied «Moskauer Nächte» anstimmte. (Vgl. Kap. 5 und Buch I, S. 73–74)

Vor lauter Begeisterung umarmte Gorbatschow Van Cliburn spontan.

Ein Blick in die renovierte Carnegie Hall in New York.

Artur Rubinstein

Franz Mohr in der Carnegie Hall mit Maurizio Pollini, für dessen Konzerte in den USA er heute noch stimmt.

F. M.: Ja, ich habe für viele russische Künstler gestimmt, die in den USA große Erfolge feierten. Strawinsky habe ich allerdings nur einmal erlebt; er war bereits sehr alt. Man mußte ihn stützen, daß er es bis zum Podium schaffte. Wenn man ihn so sah, mußte man befürchten, daß er gleich umkippen würde. Aber sobald er zu dirigieren anfing, sprühte er vor Kraft wie ein junger Mann. – Wenn wir schon von der vorigen Generation der russischen Pianisten sprechen, muß ich an dieser Stelle noch etwas über Rachmaninow sagen. Sein Schwiegersohn besuchte uns kürzlich bei Steinway in New York und erzählte folgendes: Bill Hupfer, der vor mir Cheftechniker bei Steinway war, wurde als sehr junger Mann – er war wohl erst neunzehn – zu Rachmaninows Klaviertechniker ernannt. Rachmaninow war sehr mißtrauisch, als in der Carnegie Hall ein so junger Stimmer auftauchte. Aber auf gutes Zureden der Steinway-Verantwortlichen hin gab er ihm eine Chance. Da Hupfer aus einer jener zahlreichen Klavierbauer- und Klavierstimmerfamilien stammte, die damals in der Bronx ihr Handwerk ausübten, arbeitete er zur vollen Zufriedenheit des Maestros. Dieser behandelte ihn sehr großzügig und steckte ihm immer wieder mal 1000 bis 2000 Dollar zu. Das war zur damaligen Zeit eine Riesensumme, die Bill gut anlegte, indem er sie in Aktien der Telefongesellschaft verwandelte. – Die Jahre mit Rachmaninow waren für Bill Hupfer also sehr angenehm. Im allgemeinen dauerten die Tourneen drei Monate am Stück, und man reiste damals natürlich noch mit dem Zug. Rachmaninows Frau war auch immer dabei und wachte sehr sorgsam über ihren Mann. Nur in den Augenblicken unmittelbar vor Konzertbeginn, wenn sie aus der Künstlergarderobe zu ihrem Platz geführt wurde, konnte er sich ihrer Überwachung entziehen. Hupfer mußte dann ganz schnell aus einem Versteck eine Kognakflasche hervorholen, die der Maestro ansetzte, bevor man ihn auf die Bühne holte... Doch zurück in die Gegenwart.

B. R.: ... und zu dem gefeierten Pianisten Swjatoslaw Richter. Wie haben Sie ihn erlebt?

F. M.: Für Swjatoslaw Richter stimmte ich lange, bis er Amerika in den sechziger Jahren den Rücken kehrte. Wir kamen sehr gut miteinander aus und befreundeten uns regelrecht – vielleicht, weil ich Deutscher war. Er sprach ebenfalls Deutsch, und als ich ihm einmal ein Kompliment für seine guten Sprachkenntnisse machte, sagte er: «Deutsch ist doch meine Muttersprache. Bevor ich Russisch gelernt habe, habe ich nur Deutsch gesprochen.» Er ist, soviel ich weiß, ein Wolgadeutscher. Auch die Zusammenarbeit mit ihm war sehr angenehm. Ich wußte genau, welche Flügel er mochte: brillante Flügel mit einer mittelschweren Spielart, nicht zu leicht und nicht zu schwer. Es kam sogar soweit, daß er mich die Flügel ganz alleine aussuchen ließ, ohne wie die anderen Künstler überhaupt noch in unsere Steinway-Abteilung zu kommen. Er sagte dann jeweils nur: «Franz, Sie wissen genau, was ich möchte. Schicken Sie mir einfach einen Flügel.» So habe ich es dann auch gemacht. Aber trotzdem passierte es einmal, daß er mit meiner Wahl nicht zufrieden war. Er bat mich: «Schicken Sie mir das nächste Mal einen andern Flügel, der hat mir nicht gefallen.» Auf die Frage, was ihm genau nicht gefallen habe, antwortete er nur ausweichend. Er konnte es nicht genau sagen, was ja auch für einen Nicht-Techniker schwierig ist. Um so mehr versuchte ich noch einmal, ihn von der Notwendigkeit zu überzeugen, den Flügel selbst auszusuchen, aber er meinte nur: «Nein, nein, Sie machen das schon richtig, geben Sie mir einfach einen andern Flügel.»

B. R.: Heute tritt Swjatoslaw Richter bekanntlich mit einem Yamaha-Flügel auf. Entsprach Steinway letztlich doch nicht seinen Vorstellungen?

F. M.: Ich weiß, daß er von Yamaha mit viel Aufwand abgeworben wurde, weil sein Name natürlich enorme Zugkraft hat. Er ist sozusagen der einzige große Pianist, der für die japanische Firma auftritt. Yamaha hat auch André Watts abgeworben, der später allerdings wieder zu Steinway zurückgekehrt ist, obwohl ihm die besten Techniker zur Verfügung gestellt wurden – kostenlos, versteht sich! Die Konzertwelt bemängelt heute allgemein, daß Richter auf einem Instrument spielt, das zu brillant klingt. – Ich muß aber noch vom letzten Konzert berichten, das Richter in den Vereinigten Staaten gegeben hat und das sehr denkwürdig war. Er spielte in der Carnegie Hall Kammermusik mit dem Violinisten David Oistrach und dem Cellisten Mstislaw Rostropowitsch. Ich glaube, es war 1967. Er gab nach dem Konzert bekannt, daß er sich nun von Amerika verabschieden und nie mehr zurückkehren würde. Und er hat sich auch daran gehalten.

B. R.: Weshalb kehrte Richter Amerika den Rücken?

F. M.: Dies hat eben mit jenem Konzert in der Carnegie Hall zu tun, dessen äußere Umstände sehr turbulent waren. Es fand in einer Zeit statt, in der eine radikale jüdische Gruppe, die sogenannte «Jewish Defense League», zu deutsch «Jüdische Verteidigungsliga», unter dem Rabbiner Meir Kahane einen großen Aufschwung erlebte und mit Demonstrationen an die Öffentlichkeit trat. Sie ist sogar bis heute aktiv, auch in Israel. Baruch Goldstein, der 1995 das Massaker in Hebron verursachte, gehörte ihr ebenfalls an. In diesen Tagen also, wo das Konzert stattfand, sorgte die Jewish Defense League in New York für ziemlich starke Unruhe. Elisabeths Mutter war gerade aus Deutschland zu Besuch bei uns und ebenfalls im Konzert dabei. Ich erinnere mich noch sehr gut daran. Unmittelbar vor den letzten Takten in der ersten Konzerthälfte erhoben sich im ganzen Saal Leute von der Jewish Defense League und stürzten mit Geschrei auf das Podium. Die erschrockenen Musiker brachen augenblicklich ab und flüchteten sich zum Bühnenausgang. Einer der Radikalen stürmte zur Bühnenmitte, um eine Rede zu halten. Es war ein großer Tumult. Die Aktivisten wollten, soviel ich weiß, für Juden in der Sowjetunion demonstrieren. Da bot das Konzert dieser drei weltberühmten russischen Musiker eine einmalige Gelegenheit. Der Mann kam jedoch nicht zu seiner Rede. Sofort war die Polizei da und griff ein. Ich weiß noch, wie einige dieser Demonstranten auf den Boden gelegt wurden und schrien. Es war eine unglaubliche Szene. Bald kam noch mehr Polizei. Wir beobachteten alles vom Bühnenausgang aus, und Richter fragte mich empört: «Was ist denn hier los? Können Sie mir erklären, was hier abläuft? Wir wollen doch nur Musik machen!» Wir unterhielten uns auf deutsch. Einer der League-Mitglieder, der von der Polizei festgehalten wurde, hörte das und versuchte sich aus der Umklammerung loszureißen und sich auf mich zu stürzen. Aber er wurde augenblicklich wieder überwältigt und auf den Boden gedrückt. Nach einer ganzen Weile, nachdem all diese Demonstranten abgeführt worden waren, beschlossen die drei Musiker, die sich inzwischen wieder einigermaßen beruhigt hatten, unter Polizeischutz weiterzuspielen. So nahm das Konzert seinen weiteren Lauf. Aber seltsamerweise geschah noch einmal dasselbe wie zuvor: Eine ganze Reihe von Leuten sprangen mitten im Stück auf und eilten zur Bühne. Aber diesmal war die Polizei schneller, und sie kamen nicht weit. Immerhin gaben die Musiker nun endgültig auf. Der Schock saß Richter so in den Knochen, daß er noch hinter der Bühne laut verkündete, er werde nie mehr nach Amerika zurückkehren.

B. R.: Haben Sie etwas Ähnliches nicht auch mit Emil Gilels erlebt?

F. M.: Ja, und das war ebenfalls in den unruhigen sechziger Jahren. Sie erinnern sich sicher an die «Black Panthers», die «Schwarzen Panther», die im Zeichen der Rassenunruhen aktiv wurden. Der Leiter dieser Bewegung, der Newton hieß, setzte sich später, als alles vorüber war und die Dinge sich normalisiert hatten, nach China ab. Ich weiß nicht, was dann aus ihm geworden ist. Ich hatte ebenfalls eine Begegnung mit den Schwarzen Panthern. Ich begleitete gerade den russischen Pianisten Emil Gilels auf seiner Tournee, und wir kamen unter anderem nach Michigan. Es war an einem Samstagmorgen; am Sonntag sollte das Konzert in der Universität von Michigan in Ann Arbor stattfinden. Als wir im Motel eintrafen, das zur Universität gehört, lag eine ganz eigenartige Stimmung in der Luft. Wir merkten sofort, daß irgend etwas nicht in Ordnung war. An der Rezeption standen Schwarze, die, wie wir bald sahen, das Motel besetzt hatten. Sie kontrollierten uns und das Gepäck aufs genaueste, und uns wurde etwas mulmig. Immerhin bekamen wir unsere Zimmer. Aber die Koffer hatten wir natürlich selbst hinaufzubringen, gefolgt von zwei Schwarzen. Sie sperrten die Zimmertüren auf und ließen uns dann in Frieden. Ich rief Elisabeth in New York an und sagte: «Es ist furchtbar hier; die Black Panthers halten das Motel besetzt, und ich vermute, daß sie auch die Universität übernommen haben. Ich weiß gar nicht, was eigentlich los ist.» – Ich hatte mich mit Emil Gilels verabredet, um den Flügel im Auditorium der Universität kennenzulernen. Aber als wir zur Universität kamen, ließ uns niemand hinein. Statt dessen wurden wir von einer Art Revolutionsrat in ein Zimmer geführt. Dort befand sich eine junge Frau zwischen zwanzig und dreißig, die die Anführerin war. Wir brachten unser Anliegen vor. Da Gilels kein Englisch kann, ergriff ich das Wort und versuchte ihr klarzumachen, daß morgen hier ein Konzert stattfinden würde und daß dies hier der Pianist sei, der aus Rußland komme. Ich erklärte ihr, daß wir nichts anderes wollten als den Flügel sehen, damit ich an ihm arbeiten könnte. Sie blickte mich an und sagte: «Das ist unmöglich. Verlassen Sie die Universität. Niemand kann hier reinkommen.» Ich nahm noch einmal einen Anlauf und erklärte das Ganze von vorn. Schließlich, nach mehrmaligem Bitten, ließ man mich für einige Minuten zum Flügel im Auditorium.

Ich konnte ihn nur kurz begutachten. Aber zum Glück war er einigermaßen in Ordnung. So konnte ich Emil Gilels wenigstens beruhigen. Ich sagte: «Der Flügel ist in einem guten Zustand. Sie lassen mich jetzt nicht daran arbeiten. Aber es reicht, wenn ich morgen früh noch einmal hingehe und ihn für das Konzert stimme.» – Am Samstag abend hielt Newton, der Leiter der Schwarzen Panther, in jenem Auditorium eine Rede. Dies war, wie wir nun erfuhren, der Grund für die Besetzung des Campus. Die Aktivisten hatten alles unter Kontrolle: das ganze Universitätsgelände und die Zufahrtsstraßen. Weder der Sicherheitsdienst der Universität noch die Polizei traten irgendwo in Erscheinung. – Als wir wieder im Motel waren, zogen Demonstranten vor unseren Fenstern vorbei. Ich hatte, das muß ich zugeben, ziemliche Angst. Die Sprechchöre skandierten: «Revolution, wir wollen Revolution! Nicht morgen – heute wollen wir Amerika regieren!» Ich bin auf meine Knie gegangen und habe für Amerika gebetet. Es war ein bewegter Abend mit all dem Geschrei auf der Straße, mit den Umzügen und den Kundgebungen der Schwarzen Panther im Auditorium. Aber am nächsten Morgen war alles vorbei wie ein Spuk. Von den Black Panthers war keine Spur mehr zu sehen. Statt dessen standen Polizeistreifen auf den Zufahrtsstraßen und auf dem Universitätsgelände. Reinigungstrupps säuberten die Wege und Plätze von Flugblättern und allen anderen Spuren der Demonstration. Das Konzert konnte stattfinden.

B. R.: Und wie erlebte der Russe Gilels diese dramatischen Ereignisse im Westen?

F. M.: Emil Gilels konnte nicht fassen, daß in Amerika so etwas geschehen konnte. Er fragte immer wieder: «Franz, wie ist denn das möglich? Ist denn hier Krieg? Ist das Nazi-Deutschland?» Ich versuchte ihm die Hintergründe zu erklären, soweit ich das konnte. Aber er schüttelte immer wieder den Kopf und konnte einfach nicht fassen, was er da erlebt hatte.

6 Von John Cage bis Elton John

B. R.: Herr Mohr, haben Sie auch schon Flügel präpariert?

F. M.: Einmal hatte ich für John Cage zu arbeiten, den avantgardistischen Komponisten, der viel mit dem Flügel experimentierte. Wir mußten zwei Flügel zum Columbia-Studio bringen. John Cage wünschte, daß einer der beiden Steinways um einen Viertelton herabgestimmt würde. Beide Flügel wurden gleichzeitig gespielt. Dazu gab er mir eine Partitur, die an verschiedenen Stellen vorschrieb, Schrauben, einen Löffel oder eine Pinzette zwischen die Saiten zu klemmen. Die beiden Pianisten, hervorragende Künstler übrigens, mußten also die Flügel in einer unmöglichen Weise traktieren. Ich mochte dieses Gedröhne und diesen Lärm von Cage nicht. So ging ich zu ihm hin und sagte ihm in aller Höflichkeit: «Es tut mir leid, Mr. Cage, aber meine Ohren halten so eine Musik einfach nicht aus. Wenn Sie mich brauchen, dann rufen Sie mich bitte. Ich gehe zur Cafeteria und trinke dort eine Tasse Kaffee. Lassen Sie mich holen, wenn ich etwas für Sie tun kann. Aber ich kann Ihre Musik einfach nicht anhören!» Cage war freundlich genug, mich gehen zu lassen, und verlor kein Wort über meine Kritik.

B. R.: Sie haben gegenüber Cage auch Ihren Freund Daniel Barenboim auf Ihrer Seite, der in einem Interview gesagt hat, ihn störe, daß viele Komponisten im 20. Jahrhundert das Klavier wie ein Schlaginstrument oder eine Schreibmaschine benutzten – da sei jede Olivetti besser als ein

Steinway. Da gibt es für Sie offensichtlich eine klare Grenze gegenüber dieser Art von Musik. – Gibt es in Ihrer Wertschätzung auch eine Grenze zwischen der sogenannten E- und U-Musik, also zwischen «ernster», klassischer Musik und Unterhaltungsmusik?

F. M.: Nein, ich selbst höre sehr gerne Unterhaltungsmusik aller Art – außer Hardrock oder Techno oder sonstigem Gedröhne. Für solche Musik habe ich überhaupt kein Verständnis. Aber sonst liebe ich alles. Auch «Schmalz», besonders Wiener Walzer... Das ist wunderbare Musik! Auch Country-Music. Allerdings kann ich Country nur für eine gewisse Zeit anhören, dann bin ich es leid. Meiner Frau Elisabeth geht es gleich, und wir sagen oft zueinander: «Was würden wir nur ohne klassische Musik machen?!» Klassische Musik können wir stundenlang genießen, ohne im geringsten müde zu werden. Selbst Jazz kann ich nicht unbegrenzt lange aufnehmen. Dann schalte ich auf Klassik um.

B. R.: Sie haben aber auch für bekannte und beliebte Unterhaltungsmusiker gestimmt.

F. M.: Ja, sehr oft sogar. Aber doch nicht so häufig wie für klassische Musiker. Ich habe beispielsweise für Keith Jarrett gestimmt. Und für Michel Petrucciani, der zur Zeit sehr erfolgreich ist...

B. R.: ... und das übrigens auch auf einem der deutschen Fernsehkanäle durch seine regelmäßigen Auftritte in einer Talk-Show. – Für welche Unterhaltungsmusiker waren Sie noch im Einsatz?

F. M.: Ich habe öfters mit dem Jazz-Pianisten Billy Taylor zusammengearbeitet, einem großartigen Künstler, der mit seinem Trio viele Schallplattenaufnahmen gemacht hat. Billy Taylor ist kürzlich von einer erfolgreichen Rußland-Tournee zurückgekehrt. Ich schätze ihn auch als Mensch sehr. Ich muß auch

Oscar Peterson erwähnen, der in den sechziger Jahren viele Aufnahmen machte und für den ich ebenfalls stimmte. Seinen Stil mag ich besonders. Er hatte einen Lieblingsflügel, den Steinway mit der Nummer CD 210.

B. R.: Sie scheinen sich an jedes Instrument zu erinnern, das Sie gestimmt haben.

F. M.: Nein, das wäre zuviel gesagt. Aber sehen Sie: Da jeder Steinway-Flügel einen anderen Charakter, ein anderes Klangprofil hat, ist es auch leichter, sich an bestimmte Flügel zu erinnern. Die Steinway-Flügel sind ja von A bis Z Handarbeit und darum auch so verschieden. Sie sind übrigens mit ihren Nummern in Büchern festgehalten – in der Steinway-Fabrik in New York. Auch die ersten Käufer und manchmal auch die weiteren Besitzer sind aufgelistet. Ich schlage manchmal nach, was ich über einen bestimmten Flügel wissen will, oder rufe die Mitarbeiter bei Steinway an, damit sie mir Auskunft geben.

B. R.: Ich würde gerne später noch einmal auf den Steinway-Flügel zurückkommen. Aber bitte erzählen Sie vorab noch von weiteren Unterhaltungsmusikern, mit denen Sie gearbeitet haben.

F. M.: Einer der ganz Großen war Benny Goodman, der phänomenale Klarinettist, der auch oft mit Klavierbegleitung auftrat. Wir waren gute Freunde. Ich muß etwas ausholen und berichten, wie es dazu kam: Elisabeth und ich nahmen sieben Mal auf einer jährlichen Musik-Kreuzfahrt mit dem «English Chamber Orchestra» teil. Jedesmal waren namhafte Solisten dabei, und jeden Abend gab es Konzerte. Meine Arbeit war leicht, und das Ganze war die reinste Erholung. Ich stand früh morgens auf, stimmte den Flügel und ging dann Elisabeth wekken. Wir frühstückten zusammen und hatten dann den ganzen Tag hindurch frei. Vor dem Abendkonzert kontrollierte ich noch einmal den Flügel. Sonst hatte ich keine Verpflichtungen.

Meine Unkosten wurden von der Reederei bezahlt, die die Kreuzfahrt, das «Music Festival at Sea», organisierte. Selbst unsere Reise nach Fort Lauderdale, wo wir aufs Schiff gingen, wurde übernommen. Wir hatten immer eine Außenkabine. Das ging so lange, bis eines Tages Yamaha kam und der Reederei sagte, sie sei doch verrückt, so etwas zu machen: einen Flügel und die Unkosten für einen Klaviertechniker zu bezahlen. Yamaha würde alles kostenlos zur Verfügung stellen. Das war das Ende meiner Karriere als Klavierstimmer auf den Musik-Kreuzfahrten. Yamaha stellte alles kostenlos zur Verfügung: Flügel samt Klavierstimmer.

B. R.: Immerhin, werbetechnisch ließ sich da Steinway übertrumpfen. Eigentlich schwer verständlich.

F. M.: Es ist nun einmal das Prinzip bei Steinway, daß kein Flügel kostenlos hingestellt wird. Auf einer dieser Kreuzfahrten lernten wir auch Benny Goodman kennen. Er spielte mit dem «English Chamber Orchestra» das A-Dur Klarinettenkonzert von Mozart. Er war natürlich ein ausgezeichneter Klarinettist, der auch Klassisches spielte und nicht nur mit seiner berühmten Benny-Goodman-Band auftrat. Wir wurden gute Freunde. Wenn er später nach New York kam und in der Carnegie Hall auftrat, bestand er darauf, daß ich den Flügel stimmte. Seine Konzerte waren unvergeßlich. Bei einem seiner letzten waren auch zahlreiche andere Stars dabei wie Count Basie, Lionel Hampton und Gene Krupa. – Es ist erstaunlich, daß nicht nur Unterhaltungsmusiker klassische Musik spielen, sondern auch umgekehrt viele klassische Musiker Unterhaltungsmusik lieben. Einmal fuhr ich mit Emil Gilels von einem Konzert, das er in der Academy of Music in Philadelphia gegeben hatte, zurück nach New York. Ich glaube, er hatte damals das 3. Klavierkonzert von Beethoven unter der Leitung von Eugene Ormandy gespielt. Als wir die Academy of Music verließen und hinter Philadelphia zur Autobahn nach New York einbogen, schaltete ich mein Autoradio ein und wählte den klassischen Sender. Aber Emils Gilels fuhr mir dazwischen und sagte: «Franz, lassen Sie mich das mal machen!» Er drehte so lange am Radio herum, bis er einen schmissigen New-Orleans-Jazz gefunden hatte. Er war davon ganz begeistert und rief: «Franz! Hören Sie sich das an! Wir müssen doch das Gleichgewicht wieder finden. Wir haben nun klassische Musik gespielt, und jetzt wechseln wir den Stil!» So hörten wir uns auf dem ganzen Weg Jazz an.

B. R.: Aber eigentlich gibt es nur wenige klassische Pianisten, die auch mit U-Musik auftreten. Mir fällt nur Friedrich Gulda ein, für den Sie ebenfalls gestimmt haben.

F. M.: Ja, das ist wahr. Aber manche Künstler spielten gerne für sich Jazz. Oder, wie ich schon früher gesagt habe: Horowitz improvisierte gern auf dem Flügel. Einmal begleitete auch Maurice André, der große klassische Trompeter, eine Kreuzfahrt. Er hatte Spaß daran, abends nach dem klassischen Konzert noch mit der Unterhaltungsband Jazz zu spielen und eine richtige Jam-Session zu geben. Er spielte phantastischen Jazz! Ich erinnere mich noch, wie es manche Gäste sehr störte, daß sich ein großer klassischer Musiker auf ein solches Niveau herunterlassen konnte und bis spät in die Nacht hinein Jazz spielte.

B. R.: Wahrscheinlich dieselben Leute, die sich beim Essen ganz gerne von der Band unterhalten ließen. Die Trennung zwischen U- und E-Musik ist ohnehin künstlich und historisch bedingt – und, wenn man den Free Jazz nimmt oder die Einflüsse des Jazz auf die Klassik berücksichtigt, fließend.

F. M.: Sicher. Aber ich stelle fest, daß die Trennung in meinem Herkunftsland Deutschland viel stärker ist als in den USA und in den englischsprachigen Ländern, wo viele große Orchester auch ein B-Orchester haben, das ausschließlich Unterhaltungsmusik spielt. Und denken Sie an das Musical. Ich liebe auch gute Musicals.

B. R.: Sie haben sogar für Elton John gestimmt.

F. M.: Das war in der Carnegie Hall. Er war zu uns in die Steinway-Konzertabteilung gekommen, um sich für den Auftritt einen Flügel auszusuchen. Er kam aber nicht allein, sondern mit einem ganzen Troß von Begleitern. Da waren Manager, Freunde und sogar das Fernsehen. Es schwirrten sicher zwei Dutzend Leute um ihn herum. Schon dieser Besuch war eine Show für sich. Und dann erst der Auftritt in der Carnegie Hall! Zuerst plante er, sich an einem Seil vom Balkon auf die Bühne hinunterzuschwingen, was aber aus Sicherheitsgründen nicht erlaubt wurde. Dafür engagierte er zwei kleinwüchsige Menschen, die die Schleppe seines langen Mantels auf die Bühne tragen sollten. Ich vergesse nie, wie sie diesen Auftritt probten und auf der Bühne auf und ab marschierten. Elton John rief den Zwergen zu: «Lächelt! Lächelt! Ich habe euch genug für den Auftritt bezahlt! Lächelt!». So haben sie an jenem Abend in den Zuschauerraum hineingelächelt.

Franz Mohrs gegenwärtige Arbeit

7 Stimmer, Buchautor und Redner

B. R.: Herr Mohr, Sie sind nun seit einigen Jahren pensioniert, aber keineswegs im Ruhestand. Sie sind und bleiben ein Steinway-Mann und arbeiten als emeritierter Chef-Konzerttechniker weiterhin für die Firma.

F. M.: Ich arbeite nur noch selten als Klaviertechniker und nur auf besondere Anfragen hin. Im Herbst 1996 stehen ein paar Konzerte von Maurizio Pollini in der Carnegie Hall auf dem Terminkalender sowie eine Konzertreise in einige amerikanische Städte. Sonst bin ich vor allem für den guten Zustand des Horowitz-Flügels verantwortlich und reise mit ihm zuweilen um die halbe Welt. Weiter halte ich Vorträge über den Steinway-Flügel. Ich habe einen Spezialvertrag mit unserer Firma, die meine Vortragstätigkeit honoriert.

B. R.: Thema der Vorträge: Werbung für Steinway?

F. M.: Ich muß meine vorige Antwort ergänzen und zunächst etwas ausholen: Meine Tätigkeit beschränkt sich nicht auf die von Steinway honorierten Vorträge. Denn ich spreche vor ganz unterschiedlichem Publikum, und entsprechend vielfältig sind auch meine Themen. Oft gebe ich Kurse für Klaviertechniker, die natürlich sehr fachspezifisch sind. Ich rede dann über das Stimmen, Intonieren und Regulieren der Klaviere und über die Konstruktion des Steinway-Flügels. Oder ich spreche vor Pädagogen, wie kürzlich in der Universität von Iowa, wo die nationale Musiklehrer-Konferenz stattfand. Dieser Vortrag hatte einen etwas anderen Akzent. Ich sprach nicht nur über den Flügel, sondern auch über mein Leben mit den großen Pianisten und signierte Bücher. – Kürzlich lud man mich als Dinner-Sprecher zur kanadischen Buchmesse ein. Es kann auch sein, daß mein Publikum einfach aus Musikliebhabern besteht. Wir haben in den Vereinigten Staaten sehr viele Kultur-Clubs: Mendelssohn-Clubs, Schubert-Clubs usw., die von meinen Erfahrungen als Stimmer großer Pianisten hören wollen. Es gibt sogar Steinway-Clubs, deren Mitglieder Steinway-Besitzer sind. Manche Kultur-Clubs wollen von mir Empfehlungen hören zur Frage: «Warum einen Steinway-Flügel kaufen?» oder: «Wie wähle ich das richtige Instrument aus?» Ich mache nur dann in engerem Sinne Werbung für Steinway, und ich gebe auch zu, daß ich diese Werbung gern mache, weil ich unseren Flügel einfach für den besten halte. Ich verspreche also niemals das Blaue vom Himmel.

B. R.: Bleiben wir gerade, bevor wir wieder über Ihre Aktivitäten reden, beim Steinway-Flügel: Ist er wirklich so perfekt, wie immer behauptet wird? Gibt es denn niemals eine Niete?

F. M.: Doch, ich habe auch schon mit Nieten zu tun gehabt: mit Flügeln, die einfach nichts taugten. Zumindest, wenn man mit den Maßstäben eines Konzertpianisten mißt. Aber unter einigen tausend Steinway-Flügeln gibt es vielleicht eine einzige Niete.

B. R.: Die selbst Franz Mohr nicht zu einem guten Instrument machen kann?

F. M.: Nein, da ist dann alles Intonieren und Regulieren hoffnungslos. Mir ist aber nur einmal eine solche Niete unter die Finger gekommen. Wie gesagt: Man konnte gut darauf spielen, aber ein Konzertpianist wäre unzufrieden gewesen.

B. R.: Woran lag das? Offensichtlich hat da die Qualitätskontrolle versagt.

F. M.: Erst wenn ein Flügel einigermaßen eingestimmt wird, zeigt sich seine wahre Qualität. Darum kann es keine Qualitätskontrolle geben wie bei einem Fließbandprodukt. Daß vielleicht mal ein Steinway unter zehntausend hinter unserem Standard zurückbleibt, hat eben damit zu tun, daß er nicht am Fließband hergestellt wird. Auch kann man nicht wissen, ob ein Flügel als Konzertflügel «geboren» wird oder besser für Kammermusik taugt. Hier geht es nicht um «besser» oder «schlechter», sondern allein um den klanglichen Charakter. – Der Steinway-Flügel wird ja in sorgfältiger Handarbeit gebaut. Lassen Sie mich dies erklären: Für jeden Flügel sind rund hundertzwanzig Arbeitsgänge vonnöten, und der Herstellungsprozeß vom Rohmaterial bis zum fertigen Flügel dauert über ein Jahr! Während Yamaha pro Tag achthundert Instrumente auf den Markt wirft, produzieren unsere Fabriken in New York und Hamburg zusammengenommen nur zwölf. Die Qualität beginnt bei den ausgesuchten Hölzern. Wer die Steinway-Fabrik besucht, staunt allein schon über die beiden großen Verbrennungsöfen, in denen eine große Menge Holz verbrannt wird – alles Ausschußmaterial, das nicht gut genug ist. Steinway-Arbeiter, die zu Hause einen Kamin haben, sind allerdings froh über diese unerschöpfliche Quelle an trockenem Feuerholz. Es gibt jedoch Leute, die sich sehr darüber empören, daß wir Holz verbrennen. In Japan darf ich das überhaupt nicht erwähnen. Man verbrennt doch kein Holz! Das ist auch verständlich, wenn man bedenkt, daß die Yamaha-Fabrik Schiffe voll Holz importieren muß, um jährlich ihre zweihunderttausend Flügel herzustellen. Steinway hat im Vergleich dazu seit der Firmengründung anno 1853 nur eine halbe Million Instrumente produziert, wobei neben den Flügeln auch die Klaviere mitgezählt sind.

B. R.: Die Welt wird ja von Flügeln überschwemmt! Und Steinway zieht mit dem Massenfabrikat des «Boston»-Flügels ebenfalls nach.

F. M.: Der Boston-Flügel ist eine amerikanische Antwort auf die asiatischen Flügel, die nicht allein von Yamaha hergestellt werden. Die koreanische Produktion hat die japanische Produktion bereits im Jahre 1989 übertrumpft!

B. R.: Worin besteht Ihrer Meinung nach die besondere Qualität des Steinway-Flügels?

F. M.: Ohne Übertreibung kann man sagen, daß sie in jedem Detail steckt. Es gibt unzählige Patente, die Steinway seit der Firmengründung angemeldet hat. Man sucht laufend nach Verbesserungen. Es ist müßig, abzuwägen, welches Teil das beste ist. Sicher ist der Resonanzboden die «Seele» eines jeden Flügels, ohne den es ja überhaupt keinen Ton gäbe. So wie es bei einer E-Gitarre ohne elektrischen Anschluß keinen Ton gibt. Man kann zwar einen feinen Ton hören, aber keinen richtigen Klang. Der Resonanzboden hingegen nimmt die Schwingungen der Saiten auf, verstärkt sie und gibt sie an die Luft weiter. Das Holz des Resonanzbodens, wie wir ihn in New York herstellen, stammt aus Alaska. Das Holz heißt Sitka-Fichtenholz, weil es bei der Stadt Sitka geschlagen wird. Es ist ungeheuer vibratofreudig, das heißt, es nimmt die Schwingungen der Saiten sehr gut auf. Die Hamburger Firma verwendet Fichtenholz aus den Karpaten oder Bayern. Aber die amerikanische Steinway-Fabrik importiert auch deutsches Holz und die deutsche Fabrik amerikanisches. Der Resonanzboden hat eine Krone. Das heißt, er verjüngt sich nach außen hin. Er ist in der Mitte neun Millimeter und an den Seiten nur fünf bis sechs Millimeter dick. Dies verleiht ihm eine große Flexibilität. Die Herstellung eines solchen Resonanzbodens ist ungemein aufwendig; deshalb gibt es wohl auch keine Firma, die in diesem Punkt Ähnliches bieten kann.

B. R.: Ist deshalb die Verleimung des Resonanzbodens bei Steinway Hamburg ein so gut gehütetes Geheimnis? Ich habe gehört, daß niemand in diese Abteilung hineinkommt, selbst gewisse Steinway-Mitarbeiter nicht. In New York hat uns Ihr Sohn Michael jedoch durch die ganze Fabrik geführt.

F. M.: Ich weiß nicht, wie und warum man in Hamburg so verfährt. Das Verfahren in New York ist dasselbe, und wir machen öffentliche Führungen durch die Fabrik. Eine andere Steinway-Spezialität ist die «low tension scale», was besagt, daß im Saitenbezug eine sehr niedrige Spannung herrscht. Nur deshalb kann ein Pianist in allen Klangfarben spielen und sowohl ein Super-Pianissimo als auch ein Super-Fortissimo anschlagen. Bei Massenfabrikaten ist dies nicht möglich, sondern sie brauchen, um eine klangliche Brillanz zu erreichen, eine höhere Spannung im Saitenbezug. Was zur Folge hat, daß die Klangfarben längst nicht so differenziert sind. All diese Elemente tragen dazu bei, daß ein Steinway-Flügel sozusagen Ewigkeitswert hat, weil er auch nach hundert Jahren seine Qualität nicht verliert. Ein Massenfabrikat zu überholen wäre jedoch vergebliche Liebesmüh, weil sich das Material dort beständig abnutzt. – Als ich zum ersten Mal nach Japan kam, wo man mich durch die Yamaha-Betriebe führte, deren Größe mich übrigens sehr beeindruckte, sagte mir unser japanischer Steinway-Händler: «Mein bestes Argument für den Steinway-Flügel ist die Tatsache, daß man hier nirgends einen überholten Yamaha-Flügel finden kann. Das gibt es einfach nicht.» – Daß es sich selbst lohnt, einen uralten Steinway zu restaurieren, hat mein Sohn Michael bewiesen. In der Fabrik fand er in einer Ecke einen 1890 gebauten, total abgespielten A-Flügel. Niemand wollte ihn, und so nahm er ihn mit nach Hause. Es wäre viel zu teuer gewesen, Arbeiter mit der Renovierung zu beauftragen. Der äußere Rahmen war mit weißer Farbe gestrichen worden, die mittlerweile abblätterte. Er sah ganz furchtbar aus. Die Mechanik mußte total überholt werden. Michael nahm sich des Patienten mit sehr viel Liebe, Ausdauer und fachlichem Können an. Es dauerte ein ganzes Jahr – aber die Mühe lohnte sich: Das Resultat war wirklich ausgezeichnet! Der Flügel wurde ein wahres Schmuckstück und klang sehr gut. Jeder, der uns besuchte und darauf spielte, war hell begeistert. Eines Tages kam auch Frank Mazurco, der Steinway-Vizepräsident, übrigens ein ausgezeichneter Pianist, bei uns vorbei und war von dem Flügel so angetan, daß er Michael bat, ihn für ein paar Monate für die Flügel-Ausstellung in der Steinway Hall an der 57. Straße auszuleihen. Michael willigte ein – und es kam, wie es kommen mußte: Ein Kunde begeisterte sich für den Flügel und bot Michael, der ihn eigentlich gar nicht verkaufen wollte, einen stolzen Preis, und zwar 90 Prozent der Kaufsumme eines fabrikneuen Instruments. Diesem Angebot zu widerstehen war praktisch unmöglich, und so ging er an einen Steinway-Liebhaber. Seitdem arbeitet Michael in seiner Freizeit an einem anderen Flügel.

B. R.: Man merkt: Ihr Herz schlägt für Steinway. Sie sind auch immer darauf bedacht gewesen, daß der Markenname Steinway beachtet wird. Auf dem berühmten Horowitz-Flügel CD 314.503 haben Sie seitlich einen goldenen Steinway-Schriftzug mit dem Firmensignet, der Lyra, eingravieren lassen. Offenbar hat Steinway Ihre Werbe-Idee dankbar aufgenommen, denn man sieht immer mehr Steinways mit dem Firmensignet an der rechten Seite. Und auch andere Firmen ziehen inzwischen nach.

F. M.: Zugegeben, das war ein etwas gewagter Vorstoß, den ich da machte. Ich fand, das Publikum dürfte, wenn Horowitz spielte, ruhig sehen, daß es sich da um einen Steinway-Flügel handelte. So ließ ich, als ich das Instrument einmal überholen mußte, auch diese feine, übrigens unaufdringliche Inschrift anbringen. Ich tat dies aus freien Stücken, ohne Horowitz zuvor um Erlaubnis zu bitten. Genau genommen hätte ich das tun sollen, denn der Flügel gehörte ja ihm. Ich hatte keine Ahnung,

Horacio Gutiérrez mit Henry Z. Steinway in der Steinway Hall.

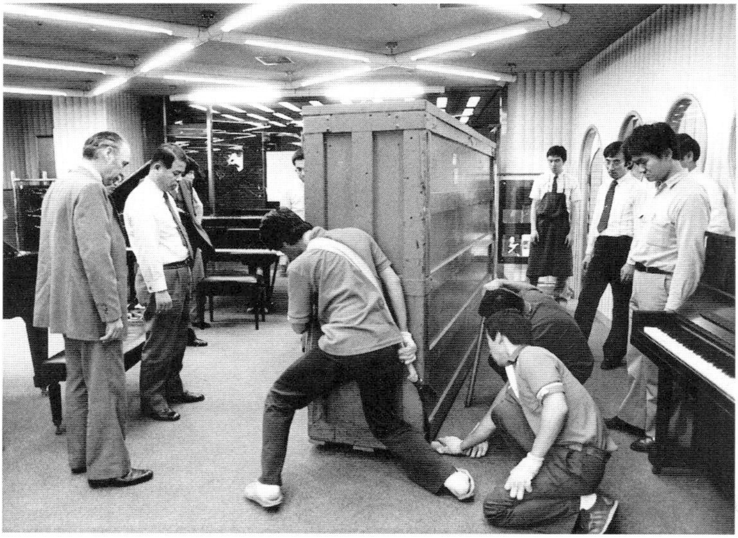

Bei der Ankunft des Horowitz-Flügels in Japan.

Der Horowitz-Flügel wird nach dem Transport nach Japan in Tokio wieder aufgebaut.

Franz Mohr mit Sohn Michael vor dem Holzlager in der Steinway-Fabrik.

Eigentlich war es Franz Mohrs Traum (siehe Bild!), Karriere als Konzertgeiger zu machen …

Die Zerstörung seiner Heimatstadt Düren 1944 machte Franz Mohr schwer zu schaffen. (Bild geschenkt von Frau Rosa von Bergen, Grosshöchstetten, Schweiz)

Unterhaltung im Nachkriegsdeutschland: Franz Mohr in einer Dixie-Band (2. von rechts).

Franz und Elisabeth Mohr gehen 1962 in Cuxhaven an Bord der «Hanseatic», um in die USA zu emigrieren.

Elisabeth Mohr im Weißen Haus.

Ein Traum wurde wahr: Franz Mohr in Jerusalem (s. Kap. 8).

Franz Mohr, ganz privat: mit Frau Elisabeth vor dem heimischen Kamin. Ihr Zuhause ist auf Long Island.

wie er reagieren würde. Im schlimmsten Fall hätte er getobt. Ich zitterte schon etwas, als ich ihm den überholten Flügel präsentierte. Aber er schien den Schriftzug nicht zu bemerken oder sah großzügig darüber hinweg. Ich weiß es nicht. – Was ich aber doch noch betonen möchte: Ich habe mich als Klaviertechniker keiner Firma verschrieben, sondern der Qualität. Ich würde mich nicht scheuen, einen anderen Flügel ebenso zu loben wie den Steinway, wenn es dazu einen Anlaß gäbe. Ebensowenig fühlen sich die Pianisten unserer Firma verpflichtet. Es spielt für sie grundsätzlich keine Rolle, ob sie auf einem Steinway, einem Yamaha oder einem Bechstein spielen, wenn der Flügel nur optimal ist.

B. R.: Gibt es dafür ein Beispiel?

F. M.: Ja. Es hat zwar nur mit Steinway-Fabrikaten zu tun, zeigt aber sehr deutlich, daß echte Künstler Qualität wollen, und nicht den berühmten Namen eines Instruments. Vor zwei Jahren war ich in Denver. Horacio Gutiérrez, der renommierte kubanische Pianist, sollte auf dem Horowitz-Flügel spielen. Er kannte den CD 314.503 gut, denn er hatte nach dem Tod von Horowitz Rachmaninows 3. Klavierkonzert mit dem Pittsburger Symphonie-Orchester unter Lorin Maazel darauf gespielt. Er liebte den Flügel sehr und brauchte auch jetzt ein brillantes Instrument. Steinway schickte mich nach Denver, um den Flügel für das Konzert instand zu setzen. Ich muß vorausschicken, daß Horacio und ich sehr gute Freunde sind. Er kommt oft zu uns nach Hause, oder wir besuchen ihn in seiner Wohnung in der 86. Straße Central Park West. Ich schicke das voraus, damit man die Geschichte besser versteht. Als ich nun nach Denver kam, stand der Flügel in einem kleinen Zimmer mit einer niedrigen Decke unter dem Bühnenraum. Ich bestehe immer darauf, daß der Flügel auf die Bühne geholt wird, wenn ich ihn stimmen muß. Sonst kann ich den Ton überhaupt nicht beurteilen. Man versprach mir, ihn rechtzeitig am Probetag auf die Bühne zu stellen. Aber durch irgendwelche unglücklichen Umstände, wohl weil die Bühne anderweitig besetzt war, gelang dies nicht; und so hatte ich gar keine Gelegenheit, den Flügel auf der Bühne zu intonieren und zu stimmen. Die Probe begann. Zuerst arbeitete das Orchester an einem anderen Stück, bevor der Steinway endlich hereingerollt wurde. Ich machte mir Sorgen, ob er gut klingen würde. Ich hatte den CD 314.503 nun schon eine Zeitlang nicht mehr unter die Finger bekommen, obwohl ich eigentlich dafür verantwortlich bin, daß er in gutem Zustand bleibt. Aber ich kann ihm nicht immer nachreisen. Das letzte Mal hatte ich ihn in der Schweiz und in Deutschland intonieren können; bald würde ich ihn nach Südamerika begleiten. Inzwischen hatten andere Stimmer an ihm gearbeitet. Im Grunde besteht die Abmachung, daß ihn außer mir niemand intonieren darf. Nun aber hatte, wie sich herausstellte, ein Stimmer ihn tatsächlich intoniert und dabei viel zu weich gestochen. Er klang schön, aber, wie gesagt, viel zu weich. Erst auf der Bühne konnte ich das hören. Trotzdem machte ich mir deswegen keine Sorge. Es blieb ja noch genügend Zeit, ihn richtig zu intonieren.

B. R.: Das hieß nun wohl wieder, die Hämmer mit Lack zu behandeln, damit er härter klingen würde, oder?

F. M.: Richtig. Nur kam ich unmittelbar vor der Probe des Klavierkonzerts nicht mehr dazu. Noch bevor Horacio Gutiérrez zu spielen begann, kam er zu mir und klagte: «Franz, mit dem Flügel ist etwas passiert. Den kann ich einfach nicht spielen; nicht einmal für die Probe.» Ich versuchte ihn zu beruhigen: «Horacio, ich höre das auch: Der Flügel hat seine Brillanz verloren. Aber bitte mach dir keine unnötigen Sorgen. Ich bringe das bis heute abend wieder in Ordnung.» – «Schon gut», sagte er, «ich weiß, daß du das kannst. Aber bitte erwarte nicht, daß ich darauf probe.» Er ließ einen anderen Steinway kommen und spielte für die Probe auf diesem Instrument. Ich fühlte mich so miserabel! Aber die ganze Sache zeigte mir wieder einmal, daß Künstler sehr wählerisch und qualitätsbewußt sind. Sie wählen nur die besten Instrumente aus, und nicht die besten Markennamen. Nachdem ich ein paar Stunden am Horowitz-Flügel gearbeitet hatte, war er wieder im alten Zustand, und Horacio Gutiérrez konnte darauf sein Konzert geben.

B. R.: Sie sind in den letzten Jahren auch mit Ihrem Buch «Große Pianisten, wie sie keiner kennt» und durch zahlreiche Interviews rund um die Welt berühmt geworden. Wie ist es zu dem Buch gekommen? Seit wann planten Sie, Ihre Memoiren zu schreiben?

F. M.: Meine Frau Elisabeth hat mir immer wieder gesagt, ich solle alle meine Erlebnisse laufend festhalten. Ich tat es jedoch nie. Ich vertröstete sie auf die Zeit nach meiner Pensionierung – im festen Glauben, daß mich mein Gedächtnis nicht im Stich lassen würde. Nach dem Tod von Wladimir Horowitz machte ich mich daran, einige Begegnungen mit ihm aufzuzeichnen. Edith Schaeffer, die Witwe des bedeutenden christlichen Denkers und Kulturphilosophen Francis Schaeffer, mit der wir gut befreundet sind, hatte mich ebenfalls dazu ermutigt und sich angeboten, mir bei der Niederschrift zu helfen. Sie schreibt selbst zahlreiche Bücher über verschiedenste Themen und ist – ganz anders als ich – sehr schreibgewandt. In ihrem Buch «Forever Music» hatte sie mich schon einmal porträtiert. Ich nahm also dankbar an, und wir machten uns bald an die Arbeit. Das Horowitz-Kapitel nahm bereits Gestalt an, als Bob Silverman, der Herausgeber von «Piano Quarterly», davon erfuhr. «Piano Quarterly» ist die wichtigste Klavier-Zeitschrift der Vereinigten Staaten, und Bob Silverman selbst war ein guter Freund von Pianisten wie Glenn Gould, Rudolf Serkin und vielen anderen Künstlern. Früher hatte ich für Bob einmal einen Artikel über Rudolf Serkin geschrieben. Nun bat er mich, auch meine Erinnerungen an Horowitz abdrucken zu dürfen. Ich schickte ihm das Manuskript zu, und schon am Abend des folgenden Tages rief er mich an und sagte: «Franz, ich bin ganz begeistert davon, wie gut und lebendig du Horowitz beschreibst. Dein Blickwinkel ist so originell und für die Musikwelt hochinteressant, daß der Artikel ein großer Erfolg sein wird! Nur eines mußt du mir sagen, Franz: Was fange ich bloß mit all dem religiösen Quatsch an, der da drin steht?» – Nun, die Antwort fiel mir etwas schwer. Ich hatte im Artikel nicht verschwiegen, daß ich für Horowitz auch gebetet und auf eine passende Gelegenheit gewartet hatte, ihm vom Glauben zu erzählen. Eine Gelegenheit, die dann auch kam, wie Sie wissen. Ich kann meinen Glauben und meine Erfahrungen mit Jesus Christus nicht einfach unter den Tisch kehren, wenn ich ehrlich bleiben will. Es ist mir ein großes Anliegen, daß es auf die Leser nicht störend wirkt, sondern sie im Gegenteil ermutigt, sich über Gott Gedanken zu machen. Ich sagte zu Bob Silverman: «Hör mal, du bist der Herausgeber, und du mußt entscheiden, was hineinkommt und was nicht.» Eigentlich wünschte ich, daß das christliche Zeugnis nicht herausgenommen würde. Sogleich nach dem Gespräch mit Bob Silverman rief ich Edith Schaeffer an und erzählte ihr das Ganze. Sie antwortete, wie sie immer antwortet: «Wir können dafür beten!» Und wir beteten sogar am Telefon miteinander. Immer, wenn ich mit Edith telefoniere, betet sie für mich, selbst vom anderen Ende der Welt her. – Es war für mich ein Wunder, daß bald darauf Bob Silverman noch einmal anrief und sagte: «Ich habe das Kapitel ein zweites Mal durchgelesen, und ich muß gestehen, daß deine geistlichen Gedanken eigentlich ganz gut passen. Ich lasse sie drin.» Man muß wissen, daß Bob Silverman Jude und zugleich erklärter Atheist ist, weshalb es wirklich einem Wunder gleichkommt, daß «Piano Quarterly» meinen Artikel schließlich ungekürzt abdruckte.

B. R.: Und später erschien sogar ein Sonderdruck mit Ihrem Horowitz-Artikel.

F. M.: Ja, aufgrund der großen Nachfrage. Einige Zeit nach Erscheinen der Horowitz-Nummer von «Piano Quarterly» rief mich Bob Silverman noch einmal an, um von den Leserreaktionen zu berichten. Wie kein anderer Beitrag zuvor hatten meine Erinnerungen Staub aufgewirbelt. Noch nie seien auch nur annähernd so viele Leserbriefe in der Redaktion eingegangen, sowohl äußerst positive als auch äußerst kritische. Die Kritik bezog sich wiederum auf meinen Glauben, und Bob war höchst irritiert darüber, daß die negativen Reaktionen fast ausschließlich von christlicher und nicht von jüdischer Seite kamen. Diese christlichen Leser reagierten zum Teil so negativ, daß Bob Silverman sich in der nächsten Ausgabe rechtfertigen und sogar entschuldigen mußte.

B. R.: Wobei der Begriff «christlich» sicher mit Vorsicht zu gebrauchen ist. Es ist ja allgemein bekannt, daß man sich in Amerika viel schneller «Christ» oder «born again», also «wiedergeboren», nennt als anderswo, einfach weil es zum guten Ton gehört. Aber diesen guten Ton haben Sie offenbar gestört. «Christsein» gehört wahrscheinlich nicht so engagiert an die Öffentlichkeit und darf sich nicht in den Kulturbereich einmischen.

F. M.: Ja, Sie sprechen etwas Wahres an. Und trotzdem gibt es auch viele Christen, die im Kulturbereich aktiv sind. Denken Sie nur an den Mendelssohn-Club in Rockford bei Chicago, wohin Sie mich begleitet haben: wie sich plötzlich herausstellte, daß die Leitung dieses über hundert Jahre alten Clubs aus engagierten Christen besteht. Für mich ist das «Christ-Sein» auf jeden Fall mit einem persönlichen Einsatz und Bekenntnis untrennbar verbunden. Anders kann man ja auch das Neue Testament nicht lesen. Neben der heftigen Kritik erfuhr der Artikel allerdings auch große Zustimmung. Ich bekam sehr viele dankbare Briefe. Gerade kürzlich, als ich in Boise in Idaho einen Vortrag hielt, kam nachher noch eine japanische Familie zu mir und erzählte, daß sie mein Artikel im «Piano Quarterly» sehr angesprochen habe und daß er ihr zum Segen geworden sei. Eine andere Folge des Artikels war, daß Horacio Gutiérrez eines Tages anrief, den Artikel lobte und mir voller Begeisterung vorschlug, das inzwischen fertiggestellte Buch mit einem Konzert einzuführen. Er würde mir nichts dafür berechnen, wenn ich nur für den Flügel und den Saal aufkommen könnte. Dieses Angebot freute mich ungemein, obwohl ich keine Ahnung hatte, wie ein Saal zu bezahlen war. Ich bin ja nur ein Klavierstimmer...

B. R.: Immerhin der Chef-Konzerttechniker der Weltfirma Steinway & Sons!

F. M.: Sie müssen bedenken, daß Steinway-Leute nie fürstlich entlohnt wurden. Ihre Stellen galten eher als «Prestige-Jobs», und nicht als Arbeitsplätze, die mit Spitzengehältern zu bezahlen wären. Zwar hat sich einiges gebessert, und ich konnte mich nie beklagen. Aber selbst die Löhne der Konzerttechniker liegen ein gutes Stück unter dem Niveau der Geschäftsleute in vergleichbaren Führungspositionen.

B. R.: Ihr Lebensstil ist denn auch für amerikanisch-mittelständische Verhältnisse nicht übertrieben. Sie wohnen seit Jahrzehnten in einem schönen, aber keineswegs protzigen Einfamilienhaus auf Long Island und sind auch in diesem Bereich weit von Starallüren entfernt!

F. M.: Jedenfalls hätte ich nie einen Konzertsaal mieten können – oder die Alice-Tully-Hall, wie es Edith Schaeffer bei der Präsentation ihres Buches «Forever Music» tat, zu der auch das Guarneri-Quartett spielte. Ich erkundigte mich beim Management der Alice-Tully-Hall, aber man wollte 9000 Dollar für einen einzigen Abend. Dies überstieg meine Finanzkraft. – Die Lösung kam mit einem Telefonanruf der Steinway-Society in Minneapolis, die das Buch mit einem Konzert einführen wollte und gleichzeitig Saal und Flügel zur Verfügung stellte. So kam dann doch alles zusammen: Pianist, Konzertsaal und Flügel. Unsere Steinway-Direktion in New York setzte dem Ganzen noch die Krone auf, indem sie den Flügel von Horowitz hinstellte, den Horacio Gutiérrez so sehr liebt. Der Abend fand im August 1992 statt. Für mich ein unvergeßliches Erlebnis.

B. R.: Das Buch wurde ein entsprechend großer Erfolg.

F. M.: Ich werde zu vielen Buchsignierungen, Fernseh- und Rundfunk-Interviews eingeladen, weil das Buch offenbar gut ankommt. Manchen Klaviertechnikern dient es zur beruflichen Weiterbildung, Musikfreunde schätzen die Informationen über die Pianisten, wieder andere die geistlichen Gedanken, und zumindest eine Person benutzt es zum Englischlernen: die Pianistin Bella Davidowitsch. Sie erzählte mir ganz begeistert – auf deutsch übrigens, viele Russen können besser Deutsch als Englisch –, sie würde nun mein Buch mit dem Wörterbuch durcharbeiten. – Ich kam auch in Kontakt mit dem ZDF, das eine Crew herüberschickte und tagelang filmte. Allerdings wurde am Schluß nur ein Zusammenschnitt von zwölf Minuten gezeigt. Gute Aufnahmen von der Carnegie Hall und auch von Lazar Berman, der im Steinway-Hauptsitz spielte und sich mit mir unterhielt, fanden keinen Eingang. Aber danach meldete sich das Bayerische Fernsehen, das im Frühjahr 1996 einen fünfzigminütigen Film drehte, der in der ARD, dem Ersten Programm des deutschen Fernsehens, ausgestrahlt wurde. Die deutsche Übersetzung des Buches war ebenfalls ein überraschender Erfolg, und ich freue mich über all die Kontakte, die ich dadurch wieder zu meiner alten Heimat bekomme.

B. R.: Auf Ihrer Vortragsreise im schweizerischen und süddeutschen Raum im Frühjahr 1994 sind Sie ebenfalls innerhalb kürzester Zeit bekannt geworden. Immerhin hielten Sie fünfundzwanzig Vorträge und Ansprachen. Ganz zu schweigen von den zahlreichen Interviews für Zeitungen und Rundfunksender. – Erinnern Sie sich noch an die

Tankwartin bei Freiburg, die Sie sah und freudig ausrief: «Ist das nicht der Franz Mohr?»

F. M.: Ja, und ich bekomme noch heute viel Post aus Europa. Und seit kurzem auch aus Asien. Ich muß wohl noch kurz darauf eingehen, wie es zur japanischen Übersetzung kam. Eines Tages rief mich eine japanische Pianistin mit Namen Kikuko Nakamura an, die vom englischen Buch völlig begeistert war und es übersetzen wollte. Sie hatte über dreißig Jahre lang in Amerika gelebt, bevor sie mit ihrem amerikanischen Gatten, Dr. Charles Shami, nach Japan zurückging. Dr. Shami, ein Arzt, lehrt mittlerweile an der Universität von Tokio Wirtschaftswissenschaften. Er ist ein Phänomen. Frau Nakamura also sagte am Telefon: «Herr Mohr, Ihr Buch finde ich großartig. Ich bin zwar Buddhistin, aber ich habe mir gleich eine Bibel gekauft. Nun lese ich Ihr Buch und daneben die Bibel!» Das Gespräch ging noch eine ganze Weile weiter. Von da an machte sich die Pianistin an die Übersetzung und fand dafür auch schon einen guten Verlag. Sie rief mich nun regelmäßig an, manchmal sogar zweimal die Woche, und stellte viele Fragen, auch viele geistliche Fragen. Das japanische Buch hat seitdem innerhalb kurzer Zeit die sechste Auflage erreicht!

B. R.: Hat Sie dieser Erfolg verändert? Sie sind ja sozusagen von einem Leben hinter der Bühne ins Rampenlicht getreten.

F. M.: Der Erfolg hat mich insofern verändert, als ich meinem Herrn gegenüber unendlich dankbar bin, daß ich ein so erfülltes Leben habe und vielen Menschen von Gottes Liebe erzählen kann. Ich nehme auch immer gern die Einladung an, zu predigen oder in einem kurzen Beitrag persönliche Erfahrungen weiterzugeben. Vor einiger Zeit hielt ich in Honolulu Vorträge für den Klaviertechniker-Verband und wurde eingeladen, in einer der größten Kirchen der Stadt zu predigen. Ich sagte sehr gerne zu, und es war für mich ein großes Erlebnis! Ich staune darüber, daß ich als gewöhnlicher Klavierstimmer so um die Welt reisen kann. Schon immer habe ich darüber gestaunt, wie mir der Stimmhammer die Türen geöffnet und Begegnungen mit Menschen ermöglicht hat, die man sonst nur vom Fernsehen her oder aus der Zeitung kennt.

B. R.: Zum Beispiel?

F. M.: Ich habe praktisch allen amerikanischen Präsidenten von Nixon bis Bush die Hand geschüttelt, weil Horowitz, Van Cliburn und Rudolf Serkin immer wieder mal im Weißen Haus gespielt haben. Und da waren meist auch hohe Staatsgäste: Gorbatschow, Schewardnadse oder der Kaiser Hirohito. Und immer begegnete ich auch prominenten Leuten aus der Filmbranche und anderen Künstlern. Billy Graham und seine Frau lernte ich übrigens auch kennen. Ich hatte schon 1957 aktiv bei einer Billy-Graham-Evangelisation teilgenommen und sogar bei einer Veranstaltung das Gebet gesprochen. Nun sah ich ihn im Weißen Haus wieder. – Die Begegnung mit dem japanischen Kaiser war besonders eindrücklich. Man wurde vorher genauestens in das Protokoll eingeführt. Nach dem Abendessen schritt man hinaus ins Foyer und stellte sich in einer Reihe auf. Der Protokollführerin des Weißen Hauses, Linda Faulkner, die zuerst vorbeikam, nannte man Namen, Beruf und Titel. Dann erschienen die Ehrengäste. Linda Faulkner stellte jeden einzelnen dem kaiserlichen Ehepaar vor. Der Kaiserin durfte man nicht die Hand geben, sondern mußte sich tief verbeugen und sagen: «Your Highness» – «Ihre Hoheit». Aber dem Kaiser durfte man nach einer kurzen Verbeugung immerhin die Hand reichen.

B. R.: Wie erlebten die Künstler solche Empfänge?

F. M.: Ich habe schon erwähnt, daß der schüchterne Rudolf Serkin sich äußerst unwohl fühlte. Van Cliburn dagegen war in seinem Element. Er war der absolute Liebling des Publikums und ließ seinen ganzen Charme spielen. Horowitz benahm sich sehr ungezwungen. Ich habe ein Foto geschossen, wo er auf der Bühne des Weißen Hauses neben Nancy Reagan sitzt, während der Präsident eine Ansprache hält, und locker den Arm um Nancy legt. Ich muß allerdings erzählen, weshalb. Kurz zuvor war ein kleines Unglück geschehen. Nancys Stuhl stand sehr nahe an den in den Boden eingelassenen Blumenrabatten. Als sie so dasaß und Ronald Reagan zuhörte, rutschte das eine Stuhlbein plötzlich ab – und im nächsten Moment lag die First Lady inmitten gelber Chrysanthemen. Ich saß mit Elisabeth in der ersten Reihe vor dem Podium, und sie fiel uns geradewegs vor die Füße! Wir halfen ihr auf, und es entstand eine kleine Aufregung. Aber Ronald Reagan blieb völlig ruhig an seinem Rednerpult und bewies wieder einmal seine phänomenale Geistesgegenwart. Er drehte sich seiner Frau zu und sagte: «Aber Nancy! Ich habe dir doch gesagt, daß du das erst tun sollst, wenn ich keinen Applaus bekomme.» – Horowitz ging immer sehr locker mit den Berühmtheiten um. Als er einmal in der Royal Festival Hall in London spielte, stand auch Prinz Charles nach dem Konzert vor der Künstlergarderobe. Ich wurde ihm vorgestellt, und er bat mich, ihn zu Horowitz zu bringen. Ich ging also zu Horowitz hinein und meldete ihm, Prinz Charles stehe draußen und wünsche ihn zu sprechen. Er sagte: «Bringen Sie ihn herein!» Als Charles hereinkam, zeigte Horowitz mit dem Finger auf ihn und rief laut: «Wo ist Ihre Frau?» Prinz Charles gab getreu Auskunft: «Sie ist im achten Monat schwanger, und es ist nicht mehr so einfach für sie, auszugehen. Aber ich soll Sie herzlich von ihr grüßen. Sie wünscht Ihnen großen Erfolg.» Bei der gleichen Gelegenheit wurde ich auch Lord Snowdon vorgestellt, und wir unterhielten uns den größten Teil der Zeit in sehr freundschaftlicher Weise.

8 Vorträge in Israel

B. R.: Im Jahr 1992 erfüllte sich einer Ihrer langjährigen Wünsche: Sie reisten nach Israel.

F. M.: Ich hatte Gott schon seit Jahrzehnten darum gebeten, daß er mir diesen Wunsch erfüllt. Ich kam mir dabei vor wie die bittende Witwe im Gleichnis von Jesus im Lukasevangelium, die den Richter bedrängt, bis dieser nachgibt.

B. R.: Hätten Sie nicht einfach als Tourist nach Israel reisen können?

F. M.: Dasselbe fragte mich auch Uri Leibowitz, der Musikkritiker einer bedeutenden Zeitung in Jerusalem, als ich dann 1992 dort war. Als er merkte, wie sehr ich Israel liebe, rief er: «Warum haben Sie so lange gebraucht, um uns zu besuchen?» Ich antwortete ihm, daß ich nicht einfach als Tourist kommen, sondern etwas zum Wohl von Israel beitragen wollte. – Nun, Sie müssen wissen, daß meine Liebe zu Israel bis in meine Jugendzeit zurückreicht. Ich verdanke sie vor allem meinem Vater, der jeden Tag in der Bibel las und mir immer wieder vom Volk Israel erzählte. Er glaubte zutiefst, daß die Worte im 1. Buch Mose, Kapitel 12, Verse 2 und 3, stimmen, wo Gott Abraham großen Segen verheißt: «Und ich will dich zum großen Volk machen und will dich segnen und dir einen großen Namen machen, und du sollst ein Segen sein. Ich will segnen, die dich segnen, und verfluchen, die dich verfluchen; und in dir sollen gesegnet werden alle Geschlechter auf Erden.» Darum sah mein Vater auch ganz deutlich, daß sich Deutschland mit der Judenverfolgung Schuld auflud. Nach der Reichskristallnacht sagte er: «Das ist das Ende von Deutschland. Hitler tastet die Juden an: den Augapfel Gottes.» Beim Propheten Sacharja ist dies ja auch deutlich genug ausgesprochen: Israel ist Gottes Augapfel, den man nicht ungestraft antastet. Mit diesem Bewußtsein wuchs ich auf. Einer der besten Freunde meines Vaters war auch ein Jude; Ben, unser Metzger im Dorf. Als sich die Lage im Dritten Reich zuspitzte, schaffte er seine Familie nach England, blieb aber selbst in Düren zurück, um das Geschäft weiterzuführen – bis ihn die Nazis holten, in ein Konzentrationslager steckten und umbrachten. – 1948, nach der Gründung des Staates Israel, wuchs mein Wunsch, bald einmal dorthin zu reisen. Tatsächlich beschloß unser christlicher Jugendkreis, sich für ein paar Wochen in einem Kibbuz einzusetzen. Aber die Reise kostete vierhundert Mark, die ich unmöglich aufbringen konnte. Ich war ja ein armer Musikstudent. Aber die anderen reisten hin und arbeiteten drei Wochen lang in einem Kibbuz im Norden des Landes. Erst viel später, in meinen letzten Jahren bei Steinway, ergab sich noch einmal eine Möglichkeit, nach Israel zu reisen, weil der Pianist Murray Perahia dorthin auf Tournee ging und einen Stimmer brauchte. Aber zu meinem Leidwesen schickte man statt mir meinen Assistenten mit. Damals sagte ich im Gebet: «Herr, du weißt doch, wie gerne ich nach Israel gehen würde und daß mein Kollege überhaupt kein Interesse an dem Land hat. Warum schickst du dann ihn und nicht mich?» Ich mußte dann aber über diese ungeduldige Haltung Buße tun und zu Gott sagen: «Du weißt, was du tust, und ich will darauf warten, bis du es für richtig hältst, mich zu schicken.» – Ich hatte bereits auch einige Einladungen nach Israel in der Tasche. Die wichtigste stammte von Chaim Herzog, dem langjährigen Präsidenten von Israel. In den siebziger Jahren war er israelischer Botschafter bei der UNO in New York und wohnte mit seiner Familie in der Fifth Avenue. Damals stimmte ich regelmäßig seinen Flügel, denn seine Kinder nahmen Klavierunterricht bei Tony Grundschlag, einer jüdischen Pianistin, mit der wir gut befreundet sind. Ich ging öfters dorthin, ohne aber Chaim Herzog persönlich zu begegnen. Meist unterhielt ich mich mit seiner Mutter, die in Deutschland aufgewachsen war und noch fließend Deutsch sprach. Später hatte sie den Großrabbiner von England geheiratet, dessen Sohn Chaim Herzog also ist. Aber dann, eines Tages, traf ich Chaim Herzog selbst, und wir unterhielten uns auf angenehme Weise. Ich erzählte ihm, daß ich Israel liebe: «Sie müssen wissen, daß ich Christ bin, daß ich meine Bibel lese und daß ich täglich für den Frieden Israels bete.» Er antwortete sehr erfreut: «Herr Mohr, wenn Sie nach Israel kommen, müssen sie es uns bitte wissen lassen. Wir wollen etwas Besonderes für Sie tun.» – Auch der Dirigent Zubin Metha sagte öfters zu mir: «Franz, du mußt unbedingt nach Israel kommen und ein Seminar über Klaviertechnik halten. Wir brauchen dich!» Dasselbe hörte ich von Isaac Stern. Aber wie gesagt: Ich mußte mich in Geduld üben. – 1992 war es dann soweit. Ich wurde gebeten, nach Israel zu kommen und im Jerusalemer Musikzentrum Kurse für Klaviertechniker zu geben. Ich sollte sogar die beiden begabtesten jungen Techniker ausfindig machen und für ein Stipendium auswählen, das das Musikzentrum vergab. Diese Stipendiaten konnten sich bei Steinway in New York und Hamburg weiter ausbilden lassen. Meine Israelreise war sehr eindrücklich, angefangen bei den ungeheuren Sicherheitsmaßnahmen beim Check-in. Ich flog über Zürich nach Tel Aviv. In Zürich mußte ich alles aus den Koffern auspacken und auf den Tischen ausbreiten. Jedes Stück wurde einzeln überprüft.

B. R.: Sie waren es wohl gewohnt, mit Ihren Stimmwerkzeugen in Verdacht zu geraten.

F. M.: Ich hatte dieses Mal keine Schwierigkeiten wegen der Stimmwerkzeuge. Nein, alle mußten ihr Gepäck öffnen und ausbreiten. Aber weil ich die Einladung des Musikzentrums von Jerusalem vorlegen konnte, schöpfte man keinen Verdacht. Sonst war ich es tatsächlich gewohnt, an den Zöllen aufgehalten zu werden. Einmal wegen meiner Werkzeuge, aber auch aus anderen Gründen.

B. R.: Aus welchen Gründen? Allzu gefährlich sehen Sie ja nicht aus.

Besonders schlimm war es jeweils am kanadischen Zoll, wenn ich für Glenn Gould nach Toronto fuhr. Ich wurde kaum über die Grenze gelassen. Man argwöhnte, ich würde einem kanadischen Klavierstimmer die Arbeit wegnehmen. Manchmal mußte ich stundenlang verschiedensten Beamten Rede und Antwort stehen und erklären, daß ich allein für Glenn Gould und für keinen sonst arbeitete. Dann durchkämmten die Zollbeamten ihre Vorschriften und suchten krampfhaft nach einem Paragraphen, der diesen Ausnahmefall beschrieb – bis sie ihn gefunden hatten und mich durchlassen konnten. – Zurück zu Israel: Die Einreise verlief eigentlich reibungslos. Nur konnte das Flugzeug erst zwei Stunden später starten, und wegen einer Bombendrohung mußten wir eine ganze Stunde auf dem Flughafen von Tel Aviv in der Maschine warten. Ich wurde von einer leitenden Mitarbeiterin des Musikzentrums, die mit Vornamen «Noah» hieß, abgeholt. Sie hatte früher bei Boris Blacher in Berlin Klavier studiert und sprach fließend Deutsch. Auf der ganzen Fahrt von Tel Aviv nach Jerusalem sprachen wir deutsch. Das Jerusalemer Musikzentrum liegt in einem Quartier, das Mishkenoth Shaananim heißt und wie ein kleines Dorf anmutet. Es liegt direkt gegenüber der Altstadt mit dem Davidsturm und dem Berg Zion. Dazwischen liegt das Tal Hinnom mit seiner berüchtigten Geschichte, die ich aus der Bibel kannte. Hier hatte Ahas, der König von Juda, seine Söhne den Götzen Moloch und Baal geopfert, wie es im 2. Buch der Könige, Kapitel 16, Vers 3 steht. Dasselbe tat ja einige Jahre später Manasse, der König von Jerusalem. – Ich vergesse nie, wie ich mit einigen der Angestellten und dem Leiter des Musikzentrums, Ram Ephron, dort in einem französischen Restaurant saß, die wunderschöne Altstadt Jerusalems vor Augen. Wir sprachen über die Einzelheiten meines Lehrplans für die folgenden 14 Tage. Und hier begriff ich: Ein jahrzehntelanger Traum war Wirklichkeit geworden! Morgens sollte ich die Klaviertechniker unterrichten und am Nachmittag etwas für Musiklehrer, Pianisten, Musikingenieure und alle, die an meiner Arbeit interessiert waren, bieten. Dann wurde ich zu meiner Unterkunft gebracht. – Man hatte auch meine Frau Elisabeth erwartet und deshalb ein wunderbares großes Haus reserviert, das an einem Hang direkt gegenüber der Altstadt lag. Es hatte drei Stockwerke und zwei Balkone, und die Aussicht war überwältigend. Ich stand oft dort und staunte. Da lag Jerusalem vor mir mit seiner jahrtausendealten Geschichte und einer noch herrlicheren Zukunft, wie man aus der Bibel weiß. Bei Sonnenuntergang strahlten die Mauern auf, als ob sie Gottes Herrlichkeit berührte. Ich las oft bis spät in die Nacht hinein, was in der Bibel alles über diese Stadt steht. Das war also Jerusalem, das Ziel aller jüdischen Sehnsucht und der Traum so vieler Touristen. Ich glaube, wir dürfen auch nicht vergessen, daß sich gegen dieses Jerusalem nach biblischer Prophetie alle Nationen einmal aufmachen werden. Israel wird aber auch auf den sehen, welchen sie durchbohrt haben. Schon der alttestamentliche Prophet Sacharja spricht von Jesus Christus, der wiederkommen und sich offenbaren wird. Diese Prophetien las ich nun immer wieder. Auch die bei Jesaja, Jeremia und Hesekiel. Die gewaltigen Aussagen gingen mir durch den Sinn, wenn ich so auf dem Balkon saß und auf die Altstadt hinüberblickte. Oft saß ich bis in die Nacht hinein dort und meditierte über dem Wort Gottes. – Nun aber zurück zu meiner Arbeit im Jerusalemer Musikzentrum: Sie verlief zunächst anders als geplant. Denn der Zulauf war von Anfang an derart groß und die Zuhörerschaft so gemischt, daß ich die Vorträge nicht wie geplant halten konnte. Ich mußte sie so gestalten, daß sie für alle einigermaßen interessant waren; daß sie weder die Klaviertechniker langweilten noch die anderen überforderten. Diese große Resonanz überraschte mich. Auch ein Fernsehteam war da, das über meine Arbeit eine Reportage drehte. Und während meines Aufenthalts mußte ich in meiner Wohnung mehrere Interviews geben. Besonders ein Gespräch mit dem Musikkritiker einer bedeutenden Zeitung in Israel – er trug den bemerkenswerten Namen David Fischkopf – beeindruckte mich tief. Er besuchte mich in meiner vornehmen Residenz. Ich hatte uns Tee gemacht, und wir saßen nachts auf dem Balkon, genauer auf dem oberen Balkon, der eine noch bessere Aussicht bot. Auf einmal zeigte er ganz begeistert nach Osten und sagte: «Da, dieser Hügel, das ist der Ölberg, wo der Messias eines Tages erscheinen wird!» Ich fragte ihn: «Wie wissen Sie denn das?» Er antwortete: «Lesen Sie doch den Propheten Sacharja, wo es heißt, daß die Füße des Messias an jenem Tag auf dem Ölberg stehen werden, der gegen Morgen vor Jerusalem liegt.» Ich erzählte ihm, daß auch im ersten Kapitel der Apostelgeschichte steht, wie Jesus vom Ölberg zum Himmel auffuhr und die Engel verkündeten, er werde in gleicher Weise wiederkommen. – Diese ganze Israelreise hatte für mich, wie Sie merken, eine große Bedeutung.

B. R.: Haben Sie auch andere Teile des Landes besucht?

F. M.: Ja, einen Tag vor meiner Abreise besuchte ich mit einer kleinen Touristengruppe Jericho und Galiläa. Kapernaum, wo die wunderbare Brotvermehrung stattfand, war für mich ein besonderes Erlebnis. Und auf dem See Genezareth verstand ich zum ersten Mal, weshalb Jesus auf dem Heck eines Bootes schlafen konnte, obwohl es sehr stürmisch war und das Wasser ins Boot eindrang. Diese Boote, die den alten nachgebaut waren, hatten ein niedriges Mittelschiff, von dem aus man das Wasser mit der Hand berühren konnte. Aber zum Bug und zum Heck hin ging es mehrere Stufen hoch. Dort ist man also hoch über dem Wasser. – Dann ging es nach Nazareth. Amir, unser Reiseleiter, berichtete, daß in Nazareth viele Geschäftsleute arabische Christen seien. Von ihnen gehe für Israel keine Bedrohung aus, und er könne als langjähriger Reiseleiter aus eigener Erfahrung sagen, daß die einzig wahren Freunde Israels bekennende arabische Christen seien. Ich war aber erstaunt über all den religiösen Kitsch, der in Nazareth angeboten wird. Einmal besuchte ich auch eine kleine Siedlung in den kargen Bergen von Judäa. Dort wohnte der beste Freund von Uri, einem guten alten Freund von mir, den ich noch aus Deutschland kannte und von dem ich später noch etwas sagen muß. Das war ein großartiges Erlebnis. Dieser Mann wohnte schon seit zwei Jahren mit seiner Frau und vier kleinen Kindern in einem Wohnwagen. Er gehörte zu einer Gemeinschaft von sechzig Familien, die dort alle in Wohnwagen lebten. Sie waren dabei, ihre Häuser zu bauen. Von den Hügeln hatte man ein interessantes Panorama vor Augen. Man sah in den Tälern Hirten mit ihren Schafen und Ziegen und in der Ferne Beduinenzelte. In dieser kargen Bergwelt war dies ein wirklich eigenartiger Anblick. Der junge Familienvater, den wir besuchten, sprach mit Begeisterung von diesem Land, das sie so sehr liebten, und von ihrem kleinen Dorf. Die meisten Häuser hatten bereits Fundamente und auch einen schwarzen Raum, der gut isoliert war: das nach israelischem Gesetz obligatorische Sicherheitszimmer. Ich machte ein Foto von einem dieser Siedler, der gerade dabei war, einen Pfad zwischen den noch unfertigen Häusern zu markieren. Bei seiner Arbeit hatte er sein Gewehr um den Hals. Ich mußte unwillkürlich an die Zeit Nehemias denken, als die Juden nach der babylonischen Gefangenschaft das Land wieder aufbauten. In der Bibel steht, daß sie mit einer Hand arbeiteten und mit der anderen ihre Waffe trugen. Diese Siedlungspolitik ist umstritten. Aber gleichzeitig muß man sagen, daß früher, als das Land den Arabern gehörte, überhaupt nichts unternommen wurde, um es in irgendeiner Weise urbar zu machen oder zu bearbeiten. Und heute wachsen mitten in der Wüste Palmenhaine und Obstplantagen. Es ist unwahrscheinlich, was Israel alles geleistet hat – besser gesagt, was es unter dem Segen Gottes alles leisten konnte! Andererseits fiel mir in Jerusalem eine Schar von Kindern auf, die von Erwachsenen beschützt werden mußten. Auch dies ein eigenartiges Bild. Mir schien, daß die einzigen Leute, die in Jerusalem frei und sicher umhergehen können, die Araber sind.

B. R.: Haben Sie in Israel Chaim Herzog eigentlich wiedergesehen und sein Angebot, Sie zu empfangen, in Anspruch genommen?

F. M.: Nein, ich wollte mich wirklich nicht aufdrängen. Immerhin war Chaim Herzog mittlerweile der israelische Präsident, und da hatte er wohl anderes zu tun, als mich zu empfangen. Aber ich sah Uri wieder. Von Uri muß ich nun noch erzählen. Ich hatte ihn Anfang der fünfziger Jahre kennengelernt, und zwar bei Ibach in Schwelm in Westfalen, wo ich arbeitete, bevor ich nach Amerika auswanderte. Uris Vater war Diplomat und hatte ihn ebenfalls zu Ibach in die Lehre geschickt. Wir waren sehr gute Freunde geworden. Elisabeth hatte ihm das Neue Testament gegeben, das ihn sehr fasziniert hatte. Er hatte darin die gleiche Sprache und Atmosphäre gefunden wie im Alten Testament. Uri war auch ein ausgezeichneter Pianist, blieb aber Klaviertechniker und übte seinen Beruf bald in Israel aus, wohin er umzog und wo er eine Familie gründete. All die vierzig Jahre hindurch blieben wir miteinander in Verbindung. Jedes Jahr schickten wir uns Weihnachtskarten zu, und nicht selten erreichte mich ein Brief, in dem er interessante Dinge über Israel und sein Leben erzählte. So ging er unter anderem als Chorleiter auf Tournee. Er schrieb, in den Werken Bachs fühle er sich unserem Heiland sehr nahe. – Einmal schrieb mir auch sein Vater einen sehr langen Brief mit der Frage, wie es denn eigentlich möglich gewesen sei, daß Deutschland, diese hochstehende Kultur mit ihrem Schiller und Goethe, Beethoven und Mozart, so entsetzliches Leid über die Juden gebracht hatte. Was sollte ich darauf antworten? Im tiefsten glaube ich, daß dieser Haß gegen die Juden aus dem Haß entspringt, den schon der Widersacher Gottes gegen das Volk Gottes hat. Es ist derselbe Haß, der auch heute wieder in vielen Ländern aufbricht – eigentlich aus unerklärlichen Gründen. Unerklärlich zumindest, wenn man die verborgene geistliche Dimension nicht erkennt. Dieser Haß wird nicht ruhen, bis Jerusalem den Juden weggenommen und Israel vernichtet ist. Aber es wird nicht dazu kommen, weil der Friedefürst Jesus Christus wiederkommen und sein Volk erretten wird. Dies schrieb ich im Brief an Uris Vater. Und natürlich wollte ich ihn nun, als ich im Land war, sehen. Aber irgendwie schaffte ich es nicht, ihn von den USA aus zu erreichen. Um so größer war meine Freude, als er gleich beim ersten meiner Vorträge erschien. Er hatte von meinem Aufenthalt in Israel erfahren. Ich ging mit ihm am Sabbat in die Stadt. Diesen Ausflug vergesse ich nie. Zuerst wanderten wir durch das wunderschöne Jaffa-Tor. Gleich dahinter gibt es auf der linken Seite ein kleines Café, wo man den besten türkischen Kaffee trinken kann. Wir setzten uns hin, und der Araber, der uns bediente, war ungeheuer freundlich. Als er hörte, daß ich aus New York kam, wollte er vieles über die Stadt wissen. Es stellte sich heraus, daß er ein Christ war. Unter anderem fragte er: «Ist es eigentlich wahr, daß die amerikanischen christlichen Gemeinden manchmal mehrere tausend Mitglieder haben? Das möchte ich einmal sehen!» Er erklärte, daß er selbst nur zu einer kleinen Gruppe arabischer Christen gehöre, die einmal in der Woche zum Bibellesen und zum Gebet zusammenkommt. Ich antwortete, daß ich zwar einer Kirche mit zweitausend Mitgliedern angehöre, daß ich jedoch persönlich und als Christ am meisten in kleinen Gruppen gewachsen bin, wo man im Kreis sitzt und auch Fragen stellen kann. Gottes Gegenwart sei ja nicht von großen Gruppen abhängig, sondern Jesus habe selbst gesagt, er sei dort, wo zwei oder drei in seinem Namen versammelt seien. – An diesem Tag kreiste über uns ein Flugzeug mit einem Spruchband, dessen Text mir Uri übersetzte: «Mach dich bereit! Der Messias kommt!» Später sah ich denselben Spruch an Bushaltestellen wieder.

B. R.: Stand der Text nicht im Zusammenhang mit diesem Rabbi in New York, von dem die Leute glaubten, er sei der Messias?

F. M.: Das ist wahr. Ich habe erst später von Rabbi Schneerson erfahren, dessen Tod seine Anhänger so erschütterte. Aber es zeigte mir, wie stark die Sehnsucht nach dem Messias im jüdischen Volk wach ist. Ich wollte am Sabbat unbedingt auch in den arabischen Teil der Stadt, wohin mich die Juden aber aus Furcht nicht begleiten wollten. Sie bangten um meine Sicherheit und erzählten, daß erst vor wenigen Tagen hier ein Tourist verschleppt und in einem der Hinterhöfe ermodert worden sei. Ich wollte aber unbedingt dorthin, hängte mich an eine französische Reisegruppe und fühlte mich so einigermaßen sicher. Den Organisatoren vom Musikzentrum durfte ich auf keinen Fall davon berichten, sonst hätten sie mich keine Sekunde mehr aus den Augen gelassen. Ich genoß jedoch diesen Ausflug am Sabbat. Am Sonntag mußte ich dann wieder arbeiten und meine Vorlesung halten. An jenem Sonntagabend saß ich etwas verloren auf einer Terasse des CVJM-Hotels in Jerusalem und dachte daran, daß sich etwa zur selben Zeit meine Gemeinde auf Long Island zum Gottesdienst versammelte. Ich war ziemlich bedrückt, bis mein Blick auf eine Inschrift über dem Portal fiel: «Denn uns ist ein Kind geboren, ein Sohn ist uns gegeben, und die Herrschaft ruht auf seiner Schulter; und er heißt Wunderbar, Rat, Kraft, Held, Ewigvater, Friedefürst.» Über diesen Text aus Jesaja 9, der auf Jesus hinweist, dachte ich bei meiner unvermeidlichen Tasse Kaffee lange nach, bis ich auf einmal Gesang hörte: Anbetungslieder, Lobpreislieder! Dieselben Lieder, die wir in unseren Gottesdiensten zu Hause singen! Nun wurde ich unruhig. Ich bezahlte und ging dem Gesang nach, der aus dem Seitentrakt des Hotels kam. Dort hatten sich messianische Juden versammelt: Juden, die an Jesus Christus glauben. Es waren wohl 400 bis 500 Menschen da, und der Saal war brechend voll. Auch viele Familien mit kleinen Kindern waren dabei. Auf dem Podium spielte eine Lobpreisgruppe. Ich war zu Hause. Die Predigt, die gehalten wurde, werde ich wohl nie vergessen. Es ging um den leidenden Messias in Jesaja 53, der für uns zur Sünde gemacht wurde, und um seine Auferstehung und Wiederkunft.

B. R.: Haben Sie auch Israelis aus Ihrer Zuhörerschaft näher kennengelernt?

F. M.: Ja, beispielsweise einen jüdischen Studenten aus Rumänien, Schmuel Cohen, der nach Israel eingewandert war. Er sagte zu mir: «Franz, du mußt wissen: Obwohl ich Jude bin und in Rumänien in einem atheistischen Zuhause aufgewachsen bin, wurde ich in Israel ein gläubiger Jude. Wer unsere 4000jährige Geschichte vor Augen hat, der muß einfach gläubig werden.» – Ein anderer Zuhörer war ein Freund von Uri, der ebenfalls Uri hieß. Beide kamen jeden Tag von Tel Aviv nach Jerusalem zum Kurs. Selbst von Haifa kamen Studenten. Ein Klavierstimmer, der mich sehr beeindruckte, war Schimon Lau, ein in Deutschland geborener Jude, der im Unabhängigkeitskrieg 1967 sein Augenlicht verloren hatte. Seine Frau fährt ihn täglich zu seinen Kunden. Das Besondere an ihm war, daß er trotz seines schweren Lebens – er hatte seine Eltern und fünfzig nahe Verwandte durch den Holocaust verloren – nicht verbittert war. Ein anderer, Izchak Berg, war ein junger orthodoxer Jude, der mit seiner Jarmoulka, das heißt mit seiner Kopfbedeckung, jeden Tag in die Klasse kam. Eines Abends nach der Vorlesung sagte er zu mir: «Franz, ich kann morgen nicht kommen, denn ich verlobe mich, und nun darf ich meine Verlobte drei Monate lang nicht sehen und muß unser zukünftiges Heim einrichten.» Ich war erstaunt, daß es im modernen Israel noch so etwas gibt. – Am letzten Abend meiner Vorlesungsreihe wurde ein Klavierkonzert gegeben. In der zweiten Hälfte sollte ich über mein Leben erzählen und mein englisches Buch signieren. Man bereitete mich darauf vor, daß nur ganz wenige Leute kommen würden, weil zu gleicher Zeit mehrere bedeutende Konzerte in Jerusalem stattfinden würden. Aber immerhin erwartete man Teddy Kollek, den beliebten Bürgermeister der Stadt, unter den Zuhörern. Darauf freute ich mich sehr, weil ich Teddy Kollek sehr bewunderte. Leider war er dann doch verhindert, und ich war, ehrlich gesagt, recht enttäuscht. Immerhin war das Haus voll. Auf dem Balkon saß sogar eine Reihe orthodoxer Juden mit ihren schwarzen Hüten. Und da sah ich auch eine liebe Bekannte: Dr. Gloria Behrens, für die ich vor vielen Jahren in New York gearbeitet hatte. Sie lebte nun mit ihrem Mann Mordechai in Haifa. Die Begegnung mit ihr war sehr schön. Der Pianist Amazia Josef spielte an diesem Abend Bach, Haydn und Mozart. Es war ein großartiges Konzert und ein wunderschöner Abschluß meines Israelaufenthalts. – Dieser hatte noch ein kleines Nachspiel: Kaum war ich zurück in New York, wurde ich sogleich von Barbara Segal angerufen. Sie ist eine bekannte jüdische Persönlichkeit, die eine tägliche Talk-Show mit dem Titel «Das jüdische Heim» moderiert. Sie sagte: «Wir haben von Ihrer Israelreise erfahren und hätten Sie gerne in unserer Sendung, damit Sie über Ihre Reise und Ihre Liebe zu Israel sprechen. Ich kenne Ihr Buch «Große Pianisten, wie sie keiner kennt» und weiß, daß es für mein jüdisches Publikum von großem Interesse sein wird, Sie zu sehen.» So trat ich in der Show auf und und erzählte davon, was mir als Christ diese Israelreise bedeutet hatte.

9 Vorträge in Japan und China

B. R.: Herr Mohr, Sie wurden im Herbst 1995 nach Asien eingeladen. Ihr Buch war inzwischen auf Japanisch erschienen und ein großer Erfolg. Wurden Sie deshalb nach Japan eingeladen?

F. M.: Ursprünglich hatte ich für das Frühjahr 1995 eine Chinareise geplant, und zwar zusammen mit Edith Schaeffer, der Co-Autorin meines Buches, die dort Vorträge halten wollte. Edith Schaeffer ist übrigens in China geboren worden und reiste seitdem zum ersten Mal wieder dorthin. Aber aus unseren Plänen wurde nichts. Edith flog im Frühjahr, ich im Herbst, und zwar im Auftrag von Steinway. Zuerst sollte ich die Firma auf der Musikmesse in Tokio vertreten, und so reiste ich am 23. Oktober zusammen mit unserem Steinway-Vizepräsidenten Bob Dove nach Japan. Ich war sehr froh über seine Hilfe, denn kurz zuvor hatte ich mir in der Carnegie Hall, wo ich für Maurizio Pollini den Flügel stimmte, eine schmerzhafte Knieverletzung zugezogen. Ich war wohl allzu unvorsichtig hinter die Bühne und über die Treppenstufen geeilt, so daß ich gestolpert war. Zuerst meinten wir, ich müsse die Reise absagen. Aber man bemühte sich sehr um mich, und so ging es dann doch. In Tokio war ich seit 1986 nicht mehr gewesen, seit der zweiten Tournee von Horowitz. Alte Erinnerungen wurden wach, als ich ins Imperial Hotel kam. Damals hatte mich Horowitz gebeten, bei einem Diner zu seinen Ehren das Tischgebet zu sprechen. Nun gab man dort ebenfalls ein vornehmes Diner, um uns willkommen zu heißen, und zu meiner Freude fragte mich die Übersetzerin meines Buches, Kikuko Nakamura, ob sie nun das Tischgebet sprechen dürfe. Alle Anwesenden waren von der Idee begeistert, weil sie meine Geschichte kannten.

B. R.: Sie sind mittlerweile in Japans Kulturwelt eine bekannte Persönlichkeit.

F. M.: Oft wurde ich mitten auf der Straße von den Leuten angestarrt, die sich zutuschelten: «Franz Mohr, schau mal, Franz Mohr!» Auf der Musikmesse sprach sich herum, daß ich da war, und ich mußte viele Bücher signieren und auch so manche Bankett-Reden und schließlich Vorträge zusammen mit unserem japanischen Steinway-Händler Haruki Matsuo halten. – Ein Höhepunkt für mich war, daß ich in der Gartenkapelle des Otani-Hotels eine Andacht halten konnte. Der Besitzer dieses Hotels ist eigentlich Buddhist. Trotzdem hat er vor etwa zwanzig Jahren eingewilligt, daß in seiner paradiesisch schönen Parkanlage mit Wasserbecken, Wasserfällen und Brücken eine Kapelle gebaut wurde, wo die christliche Botschaft den Hotelgästen und Touristen verkündet werden kann. Selbst einem christlichen Missionar hat er jahrelang eine wunderschöne Wohnung in seinem Hotel zur Verfügung gestellt – völlig kostenlos! Die Anlässe in der Gartenkapelle werden den Gästen durch eine Anzeige auf der Speisekarte bekanntgegeben, und die Besucher der Kapelle erwartet nach dem Gottesdienst eine kostenlose Erfrischung, spendiert vom Hotel. Manchmal kommt der Besitzer des Hotels selbst zu einem solchen Gottesdienst und nimmt stumm, aber mit großem Interesse daran teil. Sie können sich vorstellen, daß mir der Besuch dort und die Möglichkeit, selbst eine Andacht zu halten, viel bedeutete.

B. R.: Sie haben ja auch Kobe besucht, die von einem Erdbeben zerstörte Stadt. Was haben Sie dort erlebt?

F. M.: Meine Vortragsreise nach Kobe war für mich sehr bewegend. Haruki Matsuo hatte eine Wohltätigkeitsveranstaltung geplant und mich gefragt, ob ich auf meinen Anteil am Buchverkauf in Kobe verzichten wolle. Natürlich sagte ich gerne zu. Die Bilder, die uns in den Vereinigten Staaten aus Kobe erreicht hatten, waren meiner Frau Elisabeth und mir sehr zu Herzen gegangen. Sie hatten uns an die Zerstörung unserer Heimat im Zweiten Weltkrieg erinnert, und wir hatten oft für die Einwohner von Kobe gebetet. Dies sagte ich meinen Zuhörern dort auch, und es war höchst erstaunlich, daß in der anschließenden Fragezeit vor allem geistliche Themen angeschnitten wurden. Zum Beispiel fragte jemand: «Herr Mohr, wie betet man?» Ein anderer wollte wissen: «Wie kann man eigentlich glauben?» Und so weiter... Es erreichen mich immer noch viele Briefe aus Japan mit ähnlichen Fragen, und ich beantworte sie alle sehr gerne. Von Kobe aus wurde ich nach Osaka gebracht, dort stieg ich dann ins Flugzeug nach China. Der Multimillionär Haruki Matsuo – übrigens der weltweit erfolgreichste Steinway-Händler – schleppte mir die Koffer und sorgte sich rührend um mich.

B. R.: Sie flogen dann aber allein nach China. Was war Ihre Aufgabe dort?

F. M.: Ich gab Kurse für Klaviertechniker, und zwar auf Einladung des chinesischen Klaviertechniker-Verbandes hin. Etwa hundert Klaviertechniker kamen aus allen Landesteilen zusammen, um meine Vorträge zu besuchen. Für mich war das eine unglaubliche Sache. Weder vorher noch nachher habe ich je vor Technikern gesprochen, die so dankbar waren und bei meinen Ausführungen so begeistert mitgingen. Schon bei meiner Ankunft wartete ein großes Empfangskomitee auf mich. Unter ihnen war Myron Youngman, der meine Reise von Hongkong aus arrangiert hatte. Und zum ersten Mal sah ich Tony, einen jungen christlichen Musikstudenten, der mich in den folgenden

Tagen mit seiner Freundin zusammen begleiten und mein Touristenführer sein sollte.

B. R.: Ein chinesischer Christ als Ihr Touristenführer? Das kann wohl kaum die Absicht des chinesischen Klaviertechniker-Verbandes gewesen sein?

F. M.: Nein, das hatten andere Kreise in die Wege geleitet. Ebenso, daß ich wieder einmal Gastprediger war. In Peking leitet Dr. Harvey Taylor, der Urgroßenkel des berühmten Hudson Taylor, der im letzten Jahrhundert die China-Inlandmission gründete, eine Art internationale Gemeinde, die sich jeden Sonntag in einem großen Theatersaal versammelt. Oft erlauben die Behörden den Gläubigen jedoch nicht, den Saal zu benutzen. Dann muß sich die Gemeinde im letztem Moment noch schnell aufteilen und eine Reihe kleinerer Versammlungsorte finden. An jenem Sonntag aber durfte sie im Theatersaal zusammenkommen. Es waren 600 bis 800 Menschen dort! Das Besondere an dieser Gemeinde ist, daß Christen aus allen Konfessionen zusammen Gottesdienste feiern. In großer Einheit sind Pfingstler und Lutheraner, Baptisten, Katholiken und Reformierte beisammen. Obwohl zur Gemeinde keine Chinesen gehören, sondern ausschließlich ausländische Geschäftsleute, Botschafter und so weiter, ist es eine Art Untergrundgemeinde...

B. R.: Von der die Behörden aber sicher wissen und die sie tolerieren. Es gibt ja offensichtlich auch starke christliche Aufbrüche in China, die in der einen Provinz zugelassen, in einer anderen jedoch unterdrückt werden.

F. M.: Man bat mich jedenfalls dringend, von der Kanzel aus keine politischen Aussagen zu machen. Was Sie über Christen in China sagen, stimmt. Unter meinen Studenten waren offensichtlich einige Christen. Wenn ich irgendwo spreche, leite ich meinen Vortrag immer mit den Worten ein, daß ich alles meinem Herrgott verdanke. Ich will dem Mißverständnis vorbeugen, ich sei durch eigene Verdienste im Weißen Haus ein- und ausgegangen oder mit namhaften Leuten befreundet gewesen. Selbst in China nehme ich kein Blatt vor den Mund. Ich verdanke mein Leben und meinen «Erfolg» allein Jesus Christus. Und nach jeder Stunde erinnerte ich die chinesischen Techniker daran: «Ihr müßt wissen, Gott liebt euch, und ich liebe euch auch!» Am zweiten Tag sagte mir meine Übersetzerin: «Herr Mohr, es scheint, daß Sie unter den Zuhörern einige Brüder und Schwestern haben!» Wei Nanna, übrigens eine brillante, erst 21jährige Übersetzerin, hatte dies irgendwie herausgespürt, obwohl sie keine Christin war. Und tatsächlich kam bald darauf einer meiner Studenten nach der Stunde zu mir, umarmte mich und summte mir die Melodie von «Welch ein Freund ist unser Jesus» ins Ohr. Ich war sehr gerührt. Später kam ein anderer und sagte einfach: «Halleluja!» Mehrere Male während dieser Woche kam er auf mich zu und flüsterte mir ein «Halleluja» ins Ohr. Ein dritter, der etwas Englisch konnte, nahm mich in einer Pause beiseite und erzählte mir, er sei ebenfalls Christ und sein Vater sei Pastor in einer großen Hausgemeinde. Von Tony, meinem jungen Begleiter, habe ich schon gesprochen. Die Chinesen sind für das Evangelium empfänglicher, als wir im Westen gemeinhin wissen. Aber es herrscht immer noch Unterdrückung. In diesen Tagen erreichte uns die Meldung, daß ein Pastor mitten im Gottesdienst von seiner Kanzel weg verhaftet wurde, und zwar an dem selben Sonntag, an dem ich in der internationalen Gemeinde gepredigt hatte. Die Familie wußte auch am darauffolgenden Freitag nichts von seinem Schicksal. Ich hoffe sehr, daß ich etwas für die Freunde in China tun kann. Jedenfalls ließen mich meine Studenten kaum mehr gehen. Es gab am letzten Tag bewegende Abschiedsszenen: Viele umarmten mich und dankten mir überschwenglich. Ich versprach jedem von ihnen ein Buch.

B. R.: Ein englisches Buch?

F. M.: Ja, ich versuche nun, ihnen über Hongkong «My Life with the Great Pianists» zu schicken. Auf dem direkten Postweg kommt es niemals an. Die Grenzen sind eben noch sehr geschlossen. Auch im Hotel bemerkte ich, daß ich mich in einem geschlossenen Land aufhielt. Zwar war das Hotel, das «Holiday Inn Downtown», absolute Luxusklasse – mit Swimmingpool und verschiedenen erstklassigen Restaurants. In meinem geräumigen Zimmer stand ein Fernsehapparat mit Satelliten-Anschluß. Aber ausgerechnet den amerikanischen Nachrichtensender CNN konnte man nicht empfangen. Bild und Ton waren völlig verzerrt. Ich beschwerte mich an der Rezeption, und man versprach mir, der Sache nachzugehen. Aber nichts geschah, obwohl ich mich noch ein paarmal beschwerte. Sonst ist CNN in jedem Winkel der Erde zu empfangen! – Um noch einmal auf mein Buch zurückzukommen: Der berühmte chinesische Pianist Xiang Dong Kong, der vor einigen Jahren den Tschaikowsky-Wettbewerb in Moskau gewann und in Peking auch ein Konzert gab, ist von meinem Buch so begeistert, daß er sich nun für eine chinesische Ausgabe einsetzt. Wenn dies zustande käme, wäre dies für mich ein großes Wunder.

B. R.: Sind Sie in China von offizieller Seite empfangen worden, so daß hier bereits Türen offen wären?

F. M.: Nein, ich habe niemanden vom offiziellen China kennengelernt, natürlich abgesehen von der Leitung der Musikhochschule. Nach der Abreise meines Freundes Myron Youngman, der meine Reise arrangiert hatte, nun aber nach Hongkong zurückreisen mußte, war ich mehr oder weniger auf mich allein gestellt. Ich hatte allerdings einen Chauffeur, der mich im kleinsten Kleinbus, in dem ich je gesessen habe, herumfuhr. In Peking wimmelt es von Fahrrädern, und ich schrie oft laut auf, wenn Fahrräder ganz dicht vor unserem Kleinbus die Straße kreuzten. Ich bekam von Peking einiges zu sehen: auch den Platz des himmlischen Friedens, auf den wir jedoch mit unserem Kleinbus nicht fahren durften, denn er ist autofrei. Ich mußte aussteigen und auf diesem endlosen Platz zu Fuß gehen. Aber plötzlich tauchte der Kleinbus dennoch neben mir auf. Die Freundin meines Chauffeurs, die ebenfalls dabei war, hatte nämlich kurzerhand ihre Soldatenuniform angezogen. Sie war im Militärdienst und hatte gerade Urlaub. Ihr schneller Wechsel von der Zivil- zur Miltärkleidung hatte bei den Wachtposten offensichtlich gewirkt, und der Kleinbus wurde durchgelassen. Meine Bemerkungen über den Platz und das dort Geschehene stießen jedoch auf eine Mauer des Unverständnisses. «Das waren doch alles bösartige Menschen, diese Studenten», gab man mir allen Ernstes zur Antwort. – Neben meinem luxuriösen Hotel sah ich auch die armselige Seite Pekings, zu der übrigens auch die Musikhochschule gehörte. Als ich zum ersten Mal dort ankam, verschlug es mir fast den Atem. Das Gebäude war ganz heruntergekommen. Auf dem Universitätsgelände standen auch Baracken. Die Toiletten glichen Schweineställen, die Türen schlossen nicht. In dieser Umgebung hatte ich beinahe Bedenken, meine Vorträge zu halten, und als sich die Studenten sofort um meine Stimmwerkzeuge drängten und mich dabei zur Seite stießen, um sie von Hand zu Hand zu reichen, fürchtete ich schon, sie nicht mehr zurückzubekommen. Aber die Bedenken erwiesen sich als völlig unbegründet.

B. R.: Gab es in der Hochschule eigentlich einen Steinway-Flügel?

F. M.: Ja, aber ich mußte veranlassen, daß er in den Konzertsaal geschafft wurde, damit ihn die Studenten gut sehen konnten. Man baute auf der Bühne für die hundert Zuhörer eine Tribüne. So erst konnte ich vom Flügel aus lehren. China war für mich eine sehr interessante Erfahrung. – Über Hongkong flog ich zurück in die USA. Seitdem bleibe ich mit dem Pianisten Xiang Dong Kong in Kontakt und bin gespannt, ob eine chinesische Übersetzung des Buches zustande kommt.

Franz Mohr, ganz privat

10 Ein Stimmer mit vielen «Saiten»

B. R.: Herr Mohr, zum Schluß möchte ich gerne noch einige Fragen zu Ihrem Privatleben stellen. 1962 sind Sie mit Ihrer Frau und Ihren beiden damals noch sehr kleinen Söhnen Peter und Michael aus Deutschland nach Amerika gekommen und in diesen bald fünfunddreißig Jahren auf Long Island heimisch geworden. Fühlen Sie sich nun als Amerikaner oder als Deutscher?

F. M.: Meine Wurzeln sind in Deutschland, das kann und will ich nicht verleugnen. Meine Frau und ich haben immer noch einen starken Bezug zu unserer ersten Heimat und auch Verwandte da. Wir verfolgen, was politisch und gesellschaftlich in Deutschland geschieht und sehen uns praktisch jeden Abend via Satellit die deutschen Nachrichten an. – Aber auf der anderen Seite fühlen wir uns in den Vereinigten Staaten sehr wohl und sind mittlerweile auch amerikanische Staatsbürger. Wir haben hier unseren Freundeskreis, unsere Tochter Ellen ist hier geboren, und die Verbundenheit der weiteren Familie zu Deutschland nimmt schon etwas ab.

B. R.: Wie erlebten Sie die erste Zeit nach der Ankunft? War es für Sie ein Kulturschock?

F. M.: Es war schon eine Herausforderung, sich in einer völlig anderen Kultur zurechtzufinden. Das Schöne war, daß ich bei Steinway sogleich gut aufgenommen wurde. Aber schon am ersten Tag bei Steinway merkte ich den Kulturunterschied:

Henry, John und Frederick Steinway, die mich am ersten Tag empfingen, würdigten meine deutschen Zeugnisse, die ich ihnen stolz vorlegte, kaum eines Blickes, sondern sagten nur: «Das ist schon in Ordnung, Franz. Am besten machen Sie uns mal eine Stimmung. Dann sehen wir, was Sie können.» Nun muß ich sagen, daß mich die Überfahrt mit dem Schiff sehr mitgenommen hatte. Mir war schwindlig, und meine Ohren waren praktisch zu. Ich konnte die oberen Töne fast nicht mehr hören. Aber ich wußte, daß es das Dümmste ist, sich schon vor einer Prüfung für seine mangelhafte Leistungsfähigkeit zu entschuldigen, und so vertraute ich einfach auf Gott. Wenn er mich schon hierhergebracht hatte, würde er auch dieses Problem lösen können. Ich stimmte den Flügel, so gut ich konnte, und erstaunlicherweise waren die Steinway-Chefs zufrieden und stellten mich ein.

B. R.: Wie war es mit der sprachlichen Umstellung? Konnten Sie und Ihre Frau schon Englisch?

F. M.: Ja, wir hatten in der Schule schon Englisch gelernt, oder wir meinten jedenfalls, wir hätten es gelernt. Anfangs verstanden wir die schnell sprechenden Amerikaner überhaupt nicht und mußten immer bitten: «Please, speak distinctly and slowly.» – «Sprechen Sie bitte deutlich und langsam.» Eine lustige Sache am Rande: Immer wieder meinte ich meinen Namen zu hören und fühlte mich angesprochen, wenn jemand «once more» sagte, was ja «noch einmal» heißt. Wir gingen jedoch in eine deutsche Baptistengemeinde, und bei Steinway gab es ebenfalls viele deutsche Kollegen. Das förderte allerdings unseren sprachlichen Lernprozeß nicht gerade, so daß uns die Steinway-Leitung empfahl, zumindest eine englischsprachige Kirchengemeinde zu besuchen. Im allgemeinen machte uns aber weniger die Sprache als die Umgebung zu schaffen, in der wir zuerst wohnten. Da gab es kaum eine Grünfläche, wo wir mit unseren kleinen Kindern hätten spazierengehen können. Auch hatten wir noch kein Auto. Eines Tages gingen wir in einem Park spazieren, den wir von unserem Wohnungsfenster aus sahen. Aber es war gar kein Park, sondern ein Friedhof, wie wir dann entdeckten. Nachdem wir eine Runde gedreht hatten, wies uns der Wächter hinaus, weil die Tore geschloßen wurden. An jenem Abend waren wir richtig frustriert, daß wir in einer solchen Steinwüste leben mußten, wo der Friedhof die einzige Grünfläche war. Im Abendgottesdienst der Baptistengemeinde tröstete uns die Frau des Predigers und meinte, wir müßten uns unbedingt ein Auto kaufen, um die wunderschönen Erholungsgebiete rund um New York genießen zu können. Aber wir hatten kaum Geld. Wie sollten wir ein Auto kaufen? Nun war der Sohn des Predigers von Beruf Automechaniker und hatte gerade zwei Wagen zum Verkauf in der Werkstatt. Der eine kostete 25, der andere 75 Dollar. Wir entschieden uns trotz knapper Kasse für das teurere und solidere Modell: Es war ein alter Chevrolet de Luxe, ein Oldtimer mit hohen Sitzen. Später verkauften wir ihn für 200 Dollar. Damals kostete die Gallone Benzin, das entspricht vier Litern, nur 22 Cents. Alles war sehr günstig, und wir konnten uns auch bald ein Haus in Lynbrook auf Long Island kaufen, wo wir heute noch leben.

B. R.: Haben Sie keinen Moment bereut, daß Sie ausgewandert sind?

F. M.: So gut wie nie. Nur einmal waren wir fast soweit, daß wir die Koffer packten – zur Zeit der großen Rassenkrawalle Ende der sechziger Jahre. In Los Angeles und New York gab es Unruhen, und es ging äußerst dramatisch zu. In Los Angeles wurden viele Häuser niedergebrannt. Einmal verpaßte ich mit meinem Auto die Brücke nach Long Island und mußte einen Umweg über Harlem machen. Ich hatte große Angst, weil zu jener Zeit oft Weiße aus ihren Autos herausgezerrt und zusammengeschlagen wurden. Ich kam aber heil nach Hause. – Der Rassenhaß ist ein schwarzes Kapitel in unserem Land. Die Weißen haben furchtbar versagt; Weiße, die die Schwarzen unterdrückten und sogar noch Christen waren – zumindest dem Namen nach. Aber zur gleichen Zeit kam in den sechziger Jahren auch die «Jesus-People»-Bewegung auf, die uns sehr ermutigte und deren Früchte heute noch da sind. Viele Jugendliche erlebten eine radikale Veränderung, weil sie Jesus als ihren persönlichen Heiland annahmen. Auch viele Juden waren darunter. Auf Long Island eröffnete die messianische Gruppe Bnai Yeshua unter der begabten Leitung von Mike Evans mehrere Wohnheime für Judenchristen. Man hörte viele bewegende Berichte dieser Leute, die mit Gott wunderbare Dinge erlebten. Sie wurden allerdings sehr bedroht, und zwar von der Jüdischen Verteidigungsliga, die ich schon im Zusammenhang mit dem letzten Konzert von Swjatoslaw Richter erwähnt habe. Ich erinnere mich an eine Konferenz auf Long Island, wo Jamie Buckingham der Hauptredner war, einer der bedeutendsten Prediger der damaligen Jugendbewegung. Der Saal war zum Bersten voll. Viele hatten für diese Konferenz gefastet und gebetet. Ich kam ein wenig zu spät. Mit meinem Tonbandgerät, auf dem ich den Abend festhielt, wurde ich der Pressegruppe zugewiesen, die ganz vorne an der Bühne saß. Zuerst spielte eine christliche Rockgruppe Anbetungslieder. Zu jener Zeit wurde die Anbetung groß geschrieben. Nach dem gemeinsamen Singen, das sicher eine ganze Stunde dauerte, trat Jamie Buckingham ans Rednerpult und begann seine Predigt. Ich habe noch heute auf Tonband, was dann geschah. Er sprach vielleicht nur ein paar Minuten, vielleicht sogar nur ein paar Sätze, als überall im Saal Anhänger der Jüdischen Verteidigungsliga aufsprangen und einen Tumult veranstalteten. Sie schrien und liefen auf die Bühne. Der Redner hörte sofort auf zu sprechen. Es war ein furchtbares Chaos. Aber weil sich die Christen ruhig verhielten, gab es keine Schlägerei. Allerdings begannen viele Frauen und Kinder zu schreien, weil diese Leute Kartons mit Mäusen bei sich hatten, die sie nun losließen und die sich blitzartig im ganzen Saal verteilten. Der Sprecher der Gruppe, der das Mikrofon an sich riß, schrie: «Ich werde euch lehren, wer der rechte Messias ist! Ihr predigt einen falschen Messias!» Er hielt eine haßerfüllte Rede, während die Leiter des Abends, Mike Evans und Jamie Buckingham, einfach im Hintergrund standen und miteinander beteten. Nach einer halben Stunde kam die Polizei, und Mike Evans sprach mit den Beamten. Man hatte sich entschlossen, die Leute nicht mit Gewalt hinauszuwerfen, sondern die ganze Sache von alleine auslaufen zu lassen. Irgendwann begann die Band wieder zu spielen. Es war ein Anbetungslied mit nur einem Wort: «Halleluja». Nach einigen Takten verschwanden die Leute von der Jüdischen Verteidigungsliga – fast so schnell, wie sie gekommen waren. – Ähnliches geschah später im «Jesus Joy Concert» im berühmten Madison Square Garden. Die bekannte christliche Rockband «Love Song» aus Kalifornien spielte. Draußen versuchten orthodoxe Juden die jungen Judenchristen vom Besuch der Veranstaltung abzuhalten. Einer der Hauptredner an diesem Abend war Moishe Rosen, ein Rabbiner, der zum christlichen Glauben gekommen war. Aber er wurde, als er ins Gebäude kommen wollte, von den Mitgliedern der Jüdischen Verteidigungsliga zusammengeschlagen. Er blutete am Kopf und hielt sich ein blutiges Taschentuch vors Gesicht. Aber trotzdem wollte er seine Predigt halten. Das Ganze war sehr aufregend. Als er von Jesus anfing, erhob sich ein Tumult, und Leute versuchten, die Bühne zu stürmen. Aber da geschah etwas Eigenartiges: Die Band spielte auf einmal «Amazing Grace», das bekannte Anbetungslied. Und auf einmal sangen alle Anwesenden mit: Tausende von Leuten stimmten in dieses alte Lied ein. Wir sangen Strophe um Strophe, und nachher konnte Moishe Rosen mit seiner Predigt beginnen. Die Unruhestifter waren spurlos verschwunden. An jenem Abend erzählten auch einige Juden in sehr bewegender Weise von ihrer Bekehrung. Da war zum Beispiel eine Soldatin der Israelischen Armee, die davon berichtete, wie sie an der Universität Berkeley in Kalifornien zum Glauben gekommen war. Ihr Vater, ein

Rabbiner, hatte sie daraufhin von zu Hause weggejagt. Begleitet von vielen Gebeten, ging sie noch einmal zu ihm und bat ihn, doch wenigstens, bevor sie sich endgültig verabschiedete, einen Blick in das Neue Testament zu werfen. Dieser Rabbiner tat es und war sofort vom ersten Kapitel des Matthäusevangeliums, in dem der Stammbaum Jesu aufgeschrieben ist, überwältigt. Er wußte, daß es nichts anderes war als Gottes Wort und daß Jesus der verheißene Messias ist. Als die junge Frau dies auf dieser Veranstaltung erzählte, kam ihr Vater, der Rabbiner, aus dem Bühnenhintergrund nach vorn und sprach weiter. Es war sehr eindrücklich.

B. R.: Sie verfolgten also die «Jesus-People»-Bewegung aus nächster Nähe? Machten Sie auch aktiv mit?

F. M.: Die Heilsarmee stellte auf Long Island jungen Christen ein leerstehendes Haus zur Verfügung, mit einer Küche und einem Versammlungsraum für zweihundert Leute. Das war eigentlich zu klein, und viele junge Menschen saßen draußen auf dem Rasen. Tag und Nacht wurde in all den verschiedenen Räumen gebetet und die Bibel gelesen. Elisabeth und ich waren damals in der Jugendarbeit unserer Gemeinde tätig, und irgendwie waren wir zu Betreuern dieser jungen Leute geworden. Sie sahen zu uns mit einer gewissen Bewunderung auf, weil wir schon lange Christen waren. Damals verschenkten wir auch Hunderte von Bibeln. Die amerikanische Bibelgesellschaft druckte eine Paperback-Bibel für nur 67 Cent pro Stück. Es war eine aufregende Zeit. Viele junge Leute kamen aus der Drogenszene. Es war die einfachste Sache der Welt, jemanden zum Herrn zu führen und ihn für die Sache Jesu zu begeistern.

B. R.: Wie erklären Sie sich das?

F. M.: Es war eindeutig eine Bewegung des Heiligen Geistes, wie wir sie in der Geschichte der Christenheit schon mehrmals hatten.

B. R.: Hatte die «Jesus-People»-Bewegung auch Auswirkungen auf die Gesellschaft? Oder war diese Erweckung nur ein Strohfeuer?

F. M.: Ich bin überzeugt, daß die Rassenunruhen letztlich deshalb abflauten, weil Tausende von Christen um Frieden beteten. Ich glaube, daß es um Amerika heute viel schlimmer bestellt wäre, wenn es diesen geistlichen Aufbruch nicht gegeben hätte. Damals entstanden auch viele Initiativen christlicher Drogenarbeit. Bekannt ist ja auch «Teen Challenge», das Anfang der sechziger Jahre von David Wilkerson, dem Autor des bekannten und bedeutenden Buches «Das Kreuz und die Messerhelden», ins Leben gerufen wurde. Ebenso wurden neue Gemeinden gegründet. Erwähnen möchte ich außerdem das christliche Zentrum mit Namen «Ever increasing faith», also «Stetig wachsender Glaube», in Los Angeles, das ich einmal besuchte. Dort predigte der hervorragende schwarze Bibellehrer Frederic Price. Obwohl der Gottesdienst erst um zehn begann, mußte ich schon um acht dort sein und hätte mich in eine lange Schlange wartender Gottesdienstbesucher einreihen müssen, wenn ich nicht als Gast bevorzugt behandelt und von Platzanweisern mit Funksprechgeräten auf eine spezielle Empore geführt worden wäre. Viele Drogenabhängige wurden in dieser Gemeinde frei, die auch heute noch weiter wächst.

B. R.: Amerikanische Gemeinden und Prediger sind außerhalb der Vereinigten Staaten weniger bekannt, und in der Öffentlichkeit haben eher die schwarzen Schafe unter den konservativen Fernsehpredigern Schlagzeilen gemacht. Sind Sie als Christ vor allem von amerikanischen Kirchen und Predigern beeinflußt worden?

F. M.: Die schwarzen Schafe, von denen Sie reden, sind zum Glück stark in der Minderzahl. Wir gehören einer wundervollen Gemeinde auf Long Island an, und ich kenne die christliche Landschaft in den Vereinigten Staaten einigermaßen gut, um dies beurteilen zu können. Meine erste Prägung als Christ bekam ich in Deutschland, zuerst durch den Engländer Dr. McFarlane, der meinem Haß auf die Alliierten, die meine Stadt in Schutt und Asche gelegt hatten, mit Liebe begegnete. Ich habe auch von Freunden viel gelernt. Einer davon ist Bruder Andrew, wie er sich nennt. Ich kenne nicht einmal seinen Nachnamen. Er arbeitete lange als «Schmuggler Gottes» hinter dem Eisernen Vorhang und schrieb ein faszinierendes Buch mit dem gleichen Titel. Er schmuggelte Bibeln in die Ostblockländer und ist noch heute da aktiv, wo der christliche Glaube öffentlich verboten ist. Sein Bericht darüber, wie er einen VW voller Bibeln über die Grenze in ein völlig geschlossenes Ostblockland bringen konnte, weil er gebetet hatte: «Mach sehende Augen blind, wie du blinde Augen sehend gemacht hast» – dieser Bericht beeindruckte mich tief. Als er das letzte Mal bei uns war, erzählte er Begebenheiten, die in keinem Buch stehen: wie er etwa 1956 in Ungarn mit seinem Bibelschmuggelfahrzeug mitten in eine russische Panzerkolonne geriet und, die Gelegenheit beim Schopf packend, von Panzer zu Panzer ging und Bibeln verteilte. – Begegnungen mit solchen Glaubenszeugen prägten mich also sehr. – Aber auch Bücher. In den siebziger Jahren eröffnete mir ein christliches Buch ganz neue Dimensionen des Glaubens. Es zeigte auf, wie Jesus auch heute noch in der Lage ist, dieselben Dinge zu tun wie damals, als er noch auf der Erde lebte. Wenn wir damit rechnen, wird unser Leben erfüllt und spannend. Ich finde es schade, daß viele Christen vergessen, was Jesus versprochen hat: «Ich bin gekommen, um ein erfülltes Leben zu schenken.»

B. R.: Nun könnte man ja etwas sarkastisch sagen: Ein Franz Mohr hat gut reden! Sein Leben ist ja schon von den äußeren Umständen her «erfüllt»!

F. M.: Ich meine nicht äußeres Glück, sondern die Erfüllung, die aus der tiefen Verbindung mit Jesus Christus kommt. Vielen Menschen, denen es äußerlich gut geht, fehlt die Mitte und die Orientierung. Ich habe dies bei zahlreichen Künstlern gesehen. Aber wie ich die Stimmgabel brauche, um einen festen Ausgangspunkt zu haben, nach dem ich den Flügel stimmen kann, so brauchen wir Menschen einen festen Orientierungspunkt, nach dem wir unser Leben «stimmen» können. Dieser Punkt kann nicht in uns selbst liegen, so wie ich mit einem verstimmten Flügel ohne Stimmgabel absolut nichts anfangen kann. Verstehen Sie: Der Flügel mag noch so gut sein – er taugt ohne Ton, der von außen kommt, nichts! Ein äußerlich glückliches Leben ohne den Glauben an Jesus Christus ist zutiefst «verstimmt». Darum brauche ich diesen «Ton von außen», und zwar täglich. Ich verbringe jeden Morgen ein bis zwei Stunden im Gebet und widme mich auch der Bibellektüre, in der ich auch nach vierzig Jahren dauernd neue Dinge entdecke. Sogar als ich noch im Berufsleben stand, tat ich dies. Ich stand um fünf Uhr auf und konnte so zumindest noch eine Stunde beten, bevor ich zur Arbeit fuhr. Im Zug konnte ich dann die Bibel lesen. – Aber verstehen Sie mich recht: Es ist kein Gesetz, daß man nun alles genauso tun müßte wie Franz Mohr. Es erfüllt mich einfach, wenn ich so viel Zeit im Gebet verbringe.

B. R.: Hatten oder haben Sie nie Glaubenszweifel?

F. M.: Ich habe gelernt, den Finger auf Gottes Wort zu legen und seine Verheißungen ernst zu nehmen. Und ich erlebe, wie Gott Gebete erhört. Aber es gibt natürlich viele Dinge, die ich nicht verstehe, und Bibelstellen, die für mich noch dunkel sind. Dann halte ich es mit Martin Luther, der vorschlug, die Bibel so zu lesen, wie man Äpfel von einem Baum pflückt: Man geht zum Stamm, schüttelt den Baum, und die reifen Äpfel fallen herunter. Die nicht reif genug sind, läßt man oben und wartet, bis auch ihre Zeit kommt. Manche Aussagen der Bibel erschließen sich erst mit der Erfahrung.

B. R.: Wir haben bisher eigentlich fast nur von positiven Lebenserfahrungen gesprochen. Wie steht es mit den Schattenseiten des Lebens, die Sie sicher auch kennengelernt haben? Wie sind Sie damit fertig geworden?

F. M.: Ich habe keineswegs nur Höhenflüge erlebt, sondern bin auch durch sehr schwierige Zeiten gegangen, angefangen mit der Krise, die ich im Zweiten Weltkrieg erlebte. Meine Studienstätte wurde völlig zerstört und bald darauf auch meine Heimatstadt Düren, und dies erschütterte mich zutiefst. 1943, in einer Winternacht, bombardierten die Alliierten die Kölner Musikhochschule, wo ich Geige studierte. Ich hatte ein kleines Zimmer in der Nähe gemietet, und als ich vom Fenster aus sah, daß das Gebäude in Flammen stand, rannte ich hin. Noch unheimlicher als das Flammenmeer war aber der Abgesang der brennenden Instrumente. Klaviersaiten zerbarsten, und auf einmal hörte man auch Töne von der großen Konzertorgel, durch die ein heißer Luftstrom fuhr. Es war, als stimmten die Instrumente ein gewaltiges Klagelied an. Die Klänge verfolgten mich noch lange. – Bald danach wurde ich als Soldat eingezogen. Ich haßte den Krieg von ganzem Herzen und suchte einen Weg, den Dienst zu verlassen. Im November 1944 bekam ich ein paar Tage Urlaub und konnte zu meinen Eltern und meinem jüngeren Bruder nach Düren gehen. Mein älterer Bruder war Soldat in Rußland und kam nie mehr zurück. Am Tag nach meiner Rückkehr nach Düren, am 16. November, legten die Alliierten unsere Stadt in Schutt und Asche. Was ich an diesem Tag und in den darauffolgenden Monaten erlebte, erzähle ich ausführlich in meinem ersten Buch. Um ganz kurz darauf einzugehen: An jenem Novembertag verlor ich sowohl meinen zweiten Bruder als auch meinen Glauben an Gott. Im Luftschutzkeller unseres Hauses schrie ich meine betende Mutter an: «Hör auf zu beten, Mutter! Hör auf! Es gibt keinen Gott!» Zudem war ich voller Haß auf die Engländer, die Düren zerstört hatten. – Meine Eltern waren den Nazis gegenüber zwar sehr feindlich eingestellt gewesen, und es war mir sehr bewußt, daß die Deutschen den Krieg begonnen hatten. Trotzdem haßte ich die Engländer. Und da war es ausgerechnet ein Engländer, Dr. McFarlane, der mir meine erste Bibel schenkte und in seiner unvergeßlich liebevollen Art sagte: «Franz, wie haßerfüllt du auch bist: Ich liebe dich. Und Jesus Christus liebt dich auch. Ich werde jeden Tag für dich beten!» – Lange Zeit steckte ich in einer tiefen Lebenskrise. Ich schloß mich einer Gruppe von Marxisten an und suchte auch Zerstreuung, vor allem zusammen mit den Freunden der Dixie-Band, wo ich Gitarre spielte. Wir traten meist vor amerikanischen Soldaten auf, die sich recht übermütig gebärdeten und es lustig fanden, Granaten durchs Fenster zu werfen, während wir Musiker uns vor Angst hinter dem Klavier versteckten. – Deutschland war am Ende, doch uns ging es gut. Wir hatten alles, was wir wollten: zu essen, zu trinken, jede Menge Mädchen, Geld, Zigaretten vom Schwarzmarkt und sogar ein Auto. Für uns gab es wirklich keine Probleme. Eines Abends, als wir in einer Soldatenbaracke aufspielten, erhob sich der Manager unserer «Band» ganz ruhig vom Platz, ging durch die Tür in den Hinterhof und schoß sich eine Kugel durch den Kopf. Das war für mich ein großer Schock. – Bald darauf begann ich die Bibel zu lesen und stieß bereits in den ersten Kapiteln darauf, daß es schon unter den ersten Menschen Haß und Totschlag gegeben hatte. So konnte ich unmöglich Gott für das Elend der Welt verantwortlich machen. Ich erkannte auf einmal deutlich, was Jesus Christus am Kreuz für uns getan hatte: daß er für uns gestorben war und die Strafe auf sich genommen hatte. Ich erlebte am tiefsten Punkt meines Lebens eine Bekehrung. Ich fiel vor meinem Bett auf die Knie und schrie zu Jesus Christus. Von da an veränderte sich mein Leben recht dramatisch. Von einer Stunde auf die andere wurde ich frei von meiner Nikotinsucht, und ich spürte auf einmal einen unbeschreiblichen Frieden und eine Freude, die seitdem nie mehr gewichen sind.

B. R.: Auch nicht in anderen Krisen?

F. M.: Nein. Ich erfahre selbst in sehr schwierigen Zeiten diese Nähe von Jesus Christus. Selbst bevor ich Christ wurde, ahnte ich, daß Gott mich in seinen Händen hielt. Denn einer der schwersten Schläge traf mich unmittelbar nach dem Krieg, als ich mein Geigenstudium abbrechen mußte. Ich hatte es nach dem Krieg an der Nordwestdeutschen Musikakademie in Detmold wieder aufgenommen. Nun traten plötzlich Schmerzen im Handgelenk auf, die mir das Weiterspielen unmöglich machten. Eine Welt brach für mich zusammen, denn man hatte mir eine erfolgreiche Laufbahn vorausgesagt. Ich ahnte aber, wie gesagt, daß Gottes Führung dahinterstand. Und im Rückblick hat sich diese Ahnung bestätigt. Eigentlich wollte ich später, nachdem ich zum Glauben gefunden hatte, unbedingt Prediger werden. Ich wußte aber schlichtweg nicht, wie man so etwas anstellt. Mußte ich dafür eine Bibelschule besuchen? Und wie konnte man da hineinkommen? Ich hatte einfach nicht die richtigen Beziehungen. Aber selbst darin lag wohl die Führung Gottes. Nicht immer muß derjenige Weg, der am geistlichsten erscheint, auch der richtige sein.

B. R.: Sie sind ja schließlich trotzdem eine Art Prediger geworden ...

F. M.: Das stimmt, und ich bin dankbar dafür. Ich komme mit so vielen Menschen in Kontakt, denen ich von Jesus Christus erzählen kann. Ich möchte aber noch einmal auf Ihre Frage zurückkommen: Auch als Christ habe ich große Schwierigkeiten erlebt. Die erste war, daß mein Vater überhaupt nicht verstehen konnte, was für mich das Christsein bedeutete. Er wies mich von zu Hause fort und meinte, er hätte nun auch seinen dritten Sohn verloren.

B. R.: Dies, obwohl Ihr Vater doch jeden Tag in der Bibel las, wie Sie sagten?

F. M.: Er meinte, die Kirchenzugehörigkeit genüge und erübrige ein persönliches Bekenntnis. Erst viel später nahm auch er für sich persönlich in Anspruch, woran er intellektuell schon längst glaubte. Es war, wie wenn jemand ein Geschenk, von dem er schon lange weiß, daß es für ihn da ist, endlich auch annimmt. – In den USA erlebten wir ebenfalls schwierige Zeiten. Ich muß noch von zwei Ereignissen berichten, um meine Geschichte abzurunden: Mein Leben lang, bis in die achtziger Jahre hinein, litt ich unter Migräne. Besonders für einen Klavierstimmer ist das eine große Behinderung. Ich hatte eigentlich Tag und Nacht Kopfschmerzen. Aber irgendwie schaffte ich es trotzdem, mich durch Gebet über Wasser zu halten und meinen Beruf auszuüben. Aber in den späten siebziger Jahren wurden die Kopfschmerzen so unerträglich, daß ich praktisch nur noch mit starken Medikamenten existieren konnte. Schließlich ließ ich mich drei Tage lang im berühmten New Yorker Krankenhaus in der 65. Straße am East River untersuchen. Ich wurde einem Spezialisten zugeteilt und ließ allerlei Tests über mich ergehen. Aber leider konnte man mir nicht helfen. Es wurden mir noch stärkere, rezeptpflichtige Medikamente verschrieben, die allerdings kaum halfen und mir nur für kurze Zeit etwas Linderung brachten. Bald mußte ich die Medikamente absetzen, da sie meinen Magen angriffen. Ich hatte also die Wahl, mich für das eine oder das andere Übel zu entscheiden: für die Kopf- oder für die Magenschmerzen. Oft fragte ich im Gebet: «Herr, ist dies das Ende meiner Karriere als Konzerttechniker?»

B. R.: Was sagten Ihre Arbeitgeber zu diesem Problem? Hatten sie Verständnis?

F. M.: Ich wollte, so lange es irgend ging, nicht über meine gesundheitlichen Probleme sprechen, weder mit den Steinway-Verantwortlichen noch mit den Künstlern. Nur meine Elisabeth unterstützte mich sehr und ermutigte mich von Tag zu Tag. Es gab keine Nacht, in der ich nicht um ein oder zwei Uhr erwachte und, geplagt von entsetzlichen Schmerzen, im Haus umhergehen mußte. – Zu jener Zeit gehörte ich einem sehr bereichernden Gebetskreis an. Jeden Donnerstagabend kam etwa ein Dutzend Christen in einem Haus in unserer Nachbarschaft zusammen, und wir beteten für unsere Familien, für unsere Kirchen (wir gehörten verschiedenen Kirchen an) und für unser Land. Der Leiter des Kreises war Ben Dodwell. Er arbeitete an der Wall Street in einer bedeutenden Bank und stand unter großem Arbeitsdruck. Ich hatte ihn im Zug nach New York kennengelernt, den ich jeden Tag wie Tausende andere nahm, die auf Long Island wohnen und in Manhattan arbeiten. Seit vielen Jahren pflege ich im Zug meine Bibel zu lesen. Das ist übrigens nichts Außergewöhnliches. Man sieht immer wieder viele Menschen, die in den Zügen oder in der Untergrundbahn die Bibel lesen. Ben sprach mich an, und im Laufe des Gesprächs kamen wir darauf, daß wir so ziemlich dieselben Gebetsanliegen hatten. Eines Tages, als wir uns wieder in der «Long Island Railroad» unterhielten, trafen wir einen Entschluß: Wir wollten uns jeden Donnerstagabend bei Ben zu Hause treffen, um miteinander zu beten. Unser Kreis wuchs ziemlich rasch zu einer Gruppe von etwa zwölf Leuten heran. Meistens fingen wir damit an, einige Bibelstellen zu betrachten, die mit Gebet zu tun hatten. Dann teilten wir einander unsere Gebetsanliegen mit, und danach beteten wir ganz einfach.

B. R.: Hatte dies auch konkrete Auswirkungen?

F. M.: O ja. Der Herr erhörte viele unserer Gebete auf wunderbare Weise, und wir hatten immer mehr Grund, zu loben und zu danken! Und bald sollte auch ich eine besondere Erfahrung machen. Eigentlich bin ich nicht der Typ, der über seine ganz persönlichen Nöte spricht. Nur Elisabeth und meine Familie wußten um meine Migräne. Aber eines Tages, es war Donnerstag, der 1. Oktober 1981, kam ich so abgekämpft und von meinen Schmerzen aufgerieben in den Kreis, daß ich aus meiner qualvollen Situation keinen Ausweg mehr wußte. Ich hatte an diesem Tag bei Columbia Records zwei Konzertflügel «in unisono» stimmen müssen, das heißt, ich mußte sie exakt aufeinander abstimmen. Bei jedem Ton, den ich anschlug, war mir ein stechender Schmerz durch den Kopf gefahren. Es war entsetzlich. Ich zählte jede Minute, bis ich zu unserem Gebetskreis gehen konnte. Irgendwie spürte ich, daß nun endlich ein Wendepunkt kommen würde, und kaum war ich im Kreis und das Gespräch freigegeben für Gebetsanliegen, sprudelte ich los. Ganz offen sagte ich: «Ich kann meine Arbeit nicht mehr ausüben. Ich bin am Ende meiner Laufbahn.» Und ich erzählte von meinem Leiden. Nach einer kurzen Zeit bedrückten Schweigens sagte Ben: «Franz, heute ist der Wendepunkt da. Gott will dich befreien, er will dich heilen. Aber laßt uns zuerst einige Bibelstellen aufschlagen, die für dich, Franz, heute abend von besonderer Bedeutung sind.»

B. R.: Wie ist das zu verstehen?

F. M.: Als erstes sahen wir uns in Matthäus 8 die Verse 14 bis 17 an, wo zunächst berichtet wird, wie Jesus zur Schwiegermutter des Petrus kam und sie von ihrem hohen Fieber heilte. Dann lasen wir die folgenden Verse: «Er machte alle Kranken gesund, damit erfüllt würde, was gesagt ist durch den Propheten Jesaja, der da spricht: ‹Er hat unsre Schwachheit auf sich genommen, und unsre Krankheit hat er getragen.›» In diesem Moment ging mir ein Licht auf: Jesus war nicht nur gekommen, um die Sünden wegzunehmen, sondern auch Krankheit und Schwachheit. Ben fuhr fort: «Franz, schlage doch einmal Psalm 103 auf und lies ihn, vor allem die ersten Verse.» Ich wurde ganz begeistert und sagte: «Ben, das ist ein Psalm, den ich schon vor vielen Jahren auswendig gelernt habe! Lobe den Herrn, meine Seele, und was in mir ist, seinen heiligen Namen! Lobe den Herrn, meine Seele, und vergiß nicht, was er dir Gutes getan hat: der dir alle deine Sünden vergibt und heilet alle deine Gebrechen, der dein Leben vom Verderben erlöst, der dich krönet mit Gnade...» – Ben unterbrach mich und sagte: «Hör auf, Franz! Hör auf! Fang noch einmal von vorn an – aber bitte ganz langsam.» Und so fing ich wiederum an: «Lobe den Herrn, meine Seele, und was in mir ist, seinen heiligen Namen! Lobe den Herrn, meine Seele, und vergiß nicht, was er dir Gutes getan: Der dir alle deine Sünde vergibt und heilet alle deine Gebrechen...» – Ben rief: «Stop! Franz, siehst du, daß hier zwei verschiedene Dinge gemeint sind? Einmal heißt es, daß der Herr dir alle deine Sünde vergibt. Das hat er am Kreuz von Golgatha getan. Dort wurde unsere Sünde vergeben, denn er hat sie getragen. Und zweitens heißt es, daß er alle deine Gebrechen heilt. Das gilt ebenso; darum dürfen wir um Heilung bitten!»

B. R.: So einfach war das?

F. M.: Tatsächlich durfte ich diese Zusammenhänge, die ich vorher nie gesehen hatte, an jenem Abend spontan ganz klar erkennen. Trotz meiner Kopfschmerzen wurde ich regelrecht begeistert und rief: «Ben, wenn das so ist und auch für mich gilt, dann bleibt uns ja gar nichts anderes übrig, als den Herrn zu preisen.» Er antwortete: «Franz, da hast du ganz recht.» Und so knieten wir hin, und ich fing an zu beten und sagte: «Herr, da habe ich etwas völlig Neues erkannt, und ich danke dir von ganzem Herzen, daß du nicht nur meine Schuld getragen, sondern auch alle meine Krankheiten und Schwachheiten und auch meine Kopfschmerzen auf dich genommen hast.» Wir knieten im Kreis und priesen den Herrn, und auf einmal – irgendwie, es ist schwierig zu erklären – fühlte ich, daß ganz tief in meinem Innern sich ein Knoten löste. Es war, wie wenn sich ein ganz fest zusammengezogener Knoten allmählich lockerte.

B. R.: Und waren Sie also tatsächlich ab diesem Zeitpunkt von Ihrer Migräne geheilt?

F. M.: Zunächst ging ich ganz aufgewühlt nach Hause und sagte zu Elisabeth: «Der Herr hat mich geheilt.» Sie war etwas skeptisch, denn ich litt nun schon seit vielen Jahren unter dieser Migräne. Wahrscheinlich war es ein erbliches Leiden, denn mein Vater hatte auch immer schon furchtbare Kopfschmerzen gehabt. Ich weiß noch, wie wir als Kinder ganz ruhig sein mußten, wenn Vater einen Migräne-Anfall bekam und sich vor dem Nachtdienst bei der Post noch ausruhen mußte. Er hatte sehr oft Nachtdienst. – Nach dieser Gebetsstunde schlief ich wunderbar ein. Aber um zwei Uhr nachts erwachte ich wieder – und zwar mit fürchterlichen Kopfschmerzen. Es waren so grauenvolle Schmerzen, wie ich sie noch nie erlitten hatte.

B. R.: Was dachten Sie in jenem Moment, als es so aussah, wie wenn alles beim alten geblieben wäre?

F. M.: Zum Glück erinnerte ich mich an etwas, was Ben nach der Gebetsstunde noch zu mir gesagt hatte: «Franz, vielleicht kommt noch ein Kampf. Aber der Herr hat dich befreit.» In dieser Nacht lief ich, von rasenden Schmerzen gejagt, durchs Haus und wäre am liebsten die Wände hochgegangen. Ein Wunder, daß Elisabeth nicht wie üblich erwachte. Am anderen Morgen waren die Schmerzen jedoch spurlos verschwunden. Ich traf Ben an der Bahnstation in Lynbrook. Bevor ich etwas sagen konnte, schoß er los: «Franz, du hast eine furchtbare Nacht gehabt. Ich weiß es.» Ich fragte erstaunt: «Woher weißt du das?» Er antwortete: «Der Herr hat mich gegen zwei Uhr aufgeweckt und zu mir gesagt: ‹Franz hat sehr große Schmerzen und kämpft einen furchtbaren Kampf.› So bin ich aufgestanden und habe die ganze Nacht hindurch für dich gebetet.» – Ich war tief beeindruckt. Einmal von Gottes Eingreifen, dann aber auch von Bens Treue. Daß ein Geschäftsmann, der in seiner Arbeit so ungeheuer unter Druck steht, die ganze Nacht in der Fürbitte für mich zugebracht hatte! Einmal war ich in Bens Büro gewesen und wußte deshalb, wie hart er arbeitete. Dieser Mann, der dringend seinen Schlaf brauchte, war um zwei Uhr nachts aufgestanden, um für mich zu beten!

B. R.: Und die Migräne? Ist sie seit damals nicht mehr wiedergekommen?

F. M.: Nein. Von da an ließen mich die Schmerzen in Ruhe, und mit der Zeit setzte ich auch die Medikamente ab. – Meine Heilung war am 1. Oktober 1981 geschehen. Heute schreiben wir 1996, und in all den Jahren, die dazwischen liegen, hat mich diese furchtbare Migräne kein einziges Mal mehr geplagt. Gelegentlich habe ich zwar noch etwas Kopfschmerzen, aber so, wie jeder andere auch, der etwas zuviel arbeitet oder übermüdet ist. Dann hilft ein Aspirin. Aber diese entsetzliche Qual, die meine Tätigkeit als Klavierstimmer bald lahmgelegt hätte, war endgültig vorbei. Ich bin Gott so dankbar dafür und sage es gern weiter, daß Jesus Christus auch von Krankheiten heilt.

B. R.: Obwohl er es nicht in jedem Fall tut.

F. M.: Ja, das stimmt. Aber auch dann sind wir in Gottes Hand. Ich halte mir immer wieder das Bild vor Augen, das die niederländische Christin Corrie ten Boom, die im Konzentrationslager war und Schreckliches erlebt hat, gebrauchte: Unser Leben ist wie ein Teppich, den wir von der Rückseite betrachten. Da laufen Fäden ohne erkennbare Logik wirr durcheinander. Aber wenn wir gestorben sind und zu Jesus kommen, wird der Teppich gewendet, und wir werden das kunstvolle Muster darin staunend erkennen. Nur ist es wichtig, daß wir an dem

Teppich nicht eigenmächtig weben, sondern Gottes Führung erbitten und seinen Willen tun. Ich bete jeden Morgen: «Herr, ich stelle mich dir heute ganz zur Verfügung. Bitte tue mit mir, was du willst, und leite mich!» Und ich erfahre auf wunderbare Weise, wie Gott wirklich führt und lenkt und mir hilft, das Richtige zu tun.

B. R.: Darf ich Sie noch nach dem zweiten schweren Erlebnis fragen, das Sie erwähnt haben?

F. M.: Das war, als uns unser ältester Sohn Peter als junger Mann ganz plötzlich verließ und wir ihn als vermißt melden mußten. Wir liebten unsere Kinder über alles und dachten, wir seien gute Eltern. Peter ging es auch äußerlich prima: Er hatte einen guten Job als Konzerttechniker in meiner Abteilung bei Steinway. Die Künstler waren mit ihm sehr zufrieden. Nun standen wir plötzlich vor der Tatsache, daß er seinen eigenen Weg einschlug und nicht mehr mit der Familie zusammenleben wollte. Es ist ja völlig natürlich, daß jeder junge Mensch seinen eigenen Weg sucht; aber bei ihm geschah die Loslösung sehr abrupt und für beide Seiten schmerzhaft. Er hinterließ einen Abschiedsbrief, in dem er uns aber nicht mitteilte, was er zu tun beabsichtigte. Er war einfach von einer Stunde auf die andere weg. Wir wußten nicht, ob wir ihn je wiedersehen würden. Früher hatten wir bereits einmal um sein Leben gebangt, als er als Dreijähriger todkrank war. Er hatte in einer Nacht – wir wohnten bereits in den USA – solche Atembeschwerden bekommen, daß er bereits blau im Gesicht anlief. Wir riefen sofort den Arzt, der ihn mit der Ambulanz ins Krankenhaus fuhr. Die darauffolgenden Stunden waren dramatisch. Die Ärzte waren ratlos und wußten nicht, ob Peter überleben würde. Sie legten ihn in ein Sauerstoffzelt, und er rang wirklich mit dem Tod. Ich rief unseren Pastor an, der auf der Stelle eine Gebetskette mobilisierte. Auch wir konnten nichts anderes tun als beten. Wir fielen in unserer Wohnung auf die Knie und flehten um Heilung. Aber schließlich beteten wir auch: «Herr, dein Wille geschehe!» Für Eltern in dieser Situation ist dies ein unsagbar schweres Gebet. Aber wir beteten trotzdem so. Und bald darauf kam ein Anruf aus dem Krankenhaus: «Peter kommt durch!» – Als wir ihn wieder besuchten, erlebten wir etwas Besonderes: Der kleine Peter lag da in seinem feuchten Sauerstoffzelt, sah uns mit großen Augen an und sagte: «Mama, Papa, der Herr Jesus hat mich gesund gemacht!» Wir waren erstaunt, daß ein Dreijähriger so etwas sagte. Später, als er neun Jahre alt war, entschied er sich bewußt für Jesus Christus und sagte uns das auch. – Nun aber war Peter von einer Stunde auf die andere fortgegangen. Die Polizei erschien und nahm eine Vermißtenanzeige auf. Viele schlaflose Nächte folgten, und unter Tränen beteten wir: «Herr, bewahre Peter, und bringe ihn heil wieder zurück!» Wenn ich morgens allein zur Arbeit fuhr, liefen mir die Tränen über die Wangen. Elisabeth ging es genauso. Und doch hatten wir genügend Kraft, um noch unsere Arbeit zu tun: ich bei Steinway und Elisabeth in der Verwaltung bei der Lufthansa, wo sie seit Jahren arbeitet. Aber eines Abends, nach Wochen bangen Wartens, kam auf einmal ein Anruf von Peter: «Bitte holt mich ab. Ich bin hier bei der Auffahrt zur George-Washington-Brücke in der New York Westside.» Wir fuhren sofort los und fanden einen schmutzigen, gebrochenen jungen Mann. Kein einziger Vorwurf kam über unsere Lippen. Wir waren so glücklich, ihn mit seinen paar Habseligkeiten wieder bei uns zu haben. Als er ins Auto stieg, sagte er nur: «Bitte, vergebt mir. Ich will jetzt nichts erzählen. Später dann.» Anschließend erfuhren wir, daß er per Anhalter unterwegs gewesen war. In der ersten Nacht, die er in einem Waldstück verbrachte, wurde ihm sein ganzes Geld gestohlen. Er hatte sowieso nur fünfzig Dollar gehabt. Nun waren auch die weg. Um etwas Geld zu verdienen, ließ er sich bei einem kleinen Restaurant als Tellerwäscher anstellen. Nach einigen Wochen hatte er genug davon und kam wieder nach Hause.

B. R.: Dies gibt mir gerade Gelegenheit, Sie zum Schluß noch etwas über Ihre Kinder auszufragen: Peter, Michael und Ellen – sind sie alle in die Fußstapfen ihres Vaters getreten?

F. M.: Die beiden Söhne ja. Ich habe sie allerdings niemals dazu gedrängt. Es ergab sich einfach so, weil ich auch zu Hause eine schöne Steinway-Werkbank stehen habe und manchmal Instrumente instandsetze. Auch Ellen half mir oft dabei. Sie begann dann allerdings ein Studium und ist heute vollzeitlich Mutter. Ihr Mann Gary ist im Bankwesen tätig. Michael arbeitet bei Steinway und ist dort verantwortlich für den landesweiten Reparatur-Service. Peter begann schon vor seiner Studienzeit, noch während der High School, in einem Abendkurs seine Ausbildung als Ingenieur und Klaviertechniker. Später arbeitete er in der Abteilung für Entwicklung bei Steinway und, wie bereits erwähnt, bei mir in der Konzertabteilung. Er ist ein begabter Klaviertechniker und hat nun in Manchester im Staat New Hampshire einen eigenen Betrieb aufgebaut. Er repariert und restauriert dort Flügel. So setzt sich in meiner Familie meine berufliche Tätigkeit fort. Viel wichtiger aber ist doch, daß wir eine schöne Beziehung zueinander haben – und daß alle drei Kinder und ihre Ehepartner den Weg mit Jesus Christus gehen.

Nachwort von Beat Rink

Wie dieses Buch entstand

Sicherlich wird es die Leser zum Schluß interessieren, wie dieses Buch zustande gekommen ist. Es ist das Ergebnis langer Gespräche mit Franz Mohr anläßlich seiner mehrwöchigen Vortragstournee durch die Schweiz und Deutschland im Frühjahr 1994. Ich hatte ihn eingeladen, im Rahmen der internationalen christlichen Musikerbewegung «Crescendo» und in Zusammenarbeit mit der Hamburger Firma Steinway & Sons (die zur gleichen Zeit den berühmten Horowitz-Flügel CD 314.503 in verschiedenen Städten ausstellte) Vorträge zu halten und das eben erschienene Buch «Große Pianisten, wie sie keiner kennt» einzuführen.

Während wir gemeinsam im Auto von Stadt zu Stadt, von Vortrag zu Vortrag und von Interview zu Interview reisten, blieb uns viel Zeit, über Gott und die Welt zu sprechen – und vor allem über Mohrs Erfahrungen mit den «Maestros» und den Steinway-Flügeln. Viele Geschichten waren mir völlig neu und hatten im gerade veröffentlichten Buch noch keinen Niederschlag gefunden. Was lag näher, als den berühmten Klaviertechniker zu einem zweiten Band zu ermutigen?

Wir beschlossen, um der Spontaneität willen die Gesprächsform beizubehalten, und fingen bald mit den Aufzeichnungen an. Nach der Tournee setzten wir mittels hin- und hergeschickter Tonbandkassetten, per Telefon und Fax die Arbeit fort, wobei mir Franz Mohr mit großem Vertrauensvorschuß die Anordnung und stilistische Überarbeitung der einzelnen

Gesprächssequenzen überließ. Ein USA-Aufenthalt im Herbst 1995 ermöglichte es mir schließlich, Franz Mohr und seine Familie noch besser kennenzulernen, die Gespräche weiterzuführen und ihn nicht zuletzt dazu zu bringen, den in einer Kellerecke versteckten Schatz interessanter Fotos zu heben.

Die Zusammenarbeit zwischen Franz Mohr und «Crescendo» ist durch dieses Buch noch enger geworden. Seit Jahren unterstützt er als Patronatsmitglied das Ziel, das christliche Zeugnis in die Kulturwelt hineinzutragen, Musikfreunde auf den Glauben hin anzusprechen und klassische Berufsmusiker in ihrem Dienst und Glauben zu ermutigen. Dieser Einsatz zeugt einmal mehr davon, daß es Franz Mohr nicht um die eigene Sache geht.

Dank gebührt ebensosehr seiner lieben Frau Elisabeth, ohne deren liebevolle, sehr konkrete Hilfe dieses Buch nicht zustande gekommen wäre. Ein letzter, aber großer Dank gilt der Hans-Nüesch-Stiftung und ihrer Präsidentin, Frau Johanna Nüesch, die großzügig finanzielle Mittel für die Interview-Arbeit in den Vereinigten Staaten bereitgestellt hat.

Unsere Kontaktadresse, durch die Sie auch mit Franz Mohr in Verbindung treten können, lautet:

Crescendo/Franz Mohr
Postfach 219
CH-4003 Basel

Die christliche Vierteljahres-Zeitschrift für Musiker und Musikfreunde

Inhalt:
- Informationen über die *Crescendo*-Arbeit
- Porträts und Interviews
- Berichte über Veranstaltungen
- Schwerpunkt-Themen

Bestellung bei:

Crescendo
Postfach 219
CH- 4003 Basel

Die erste Begegnung mit Franz Mohr

Franz Mohr
mit Edith Schaeffer

Große Pianisten, wie sie keiner kennt

206 S., mit vielen Abbildungen, ABCteam-Geschenkband 564

Franz Mohr, der als Chef-Konzerttechniker und Klavierstimmer von *Steinway & Sons* mit den berühmtesten Pianisten unserer Zeit zusammengearbeitet hat und mit vielen persönlich befreundet ist, erzählt auf unterhaltsame, für Musikfreunde aufschlußreiche und zugleich tiefsinnige Weise aus seinem Leben. Humorvolle Anekdoten, interessante Streiflichter aus dem internationalen Konzertleben und sonst nirgends greifbare Hintergrundinformationen über Leben und Arbeitsweise von Rubinstein, Horowitz, Serkin, Van Cliburn und vielen anderen Maestros machen das Buch zur äußerst anregenden Lektüre. Ein Leckerbissen für jeden Musikfreund!

Große Pianisten, wie sie keiner kennt fand eine begeisterte Leserschaft und erlebte in kürzester Zeit mehrere Nachauflagen sowie Übersetzungen in andere Sprachen. Die deutsche Ausgabe veranlaßte u. a. das Bayerische Fernsehen zu einem Film, der im August 1996 von der ARD ausgestrahlt wurde.

Brunnen-Verlag · Basel und Gießen